São Paulo

Coleção Maravilhas de Deus

- Santa Bakhita do Sudão – *Susan Helen Wallace*
- Santa Clara de Assis – *Paolo Padoan*
- São Francisco de Assis – *Mary Emmanuel Alves*
- São Paulo – *Mary Lea Hill*

MARY LEA HILL

São Paulo

Dados Internacionais de Catalogação na Publicação (CIP)
(Câmara Brasileira do Livro, SP, Brasil)

Hill, Mary Lea
   São Paulo / Mary Lea Hill ; [tradução Barbara Theoto Lambert]. – 1. ed. – São Paulo : Paulinas, 2012. – (Coleção maravilhas de Deus)

   Título original: Saint Paul : the thirteenth apostle.
   ISBN 978-85-356-3086-2

   1. Paulo, Apóstolo, Santo   2. Santos cristãos - Biografia   I. Título.   II. Série.

12-02670   CDD-225.92

Índice para catálogo sistemático:
1. Paulo, Apóstolo : Biografia e obra 225.92

Título original: *Saint Paul. The Thirteenth Apostle*
© 2006, *Daughters of St. Paul.*
Publicado por Pauline Books & Media, 50 St. Paul's Avenue,
Boston, MA 02130

Direção-geral: *Bernadete Boff*
Editora responsável: *Andréia Schweitzer*
Tradução: *Barbara Theoto Lambert*
Copidesque: *Ana Cecilia Mari*
Coordenadora de Revisão: *Marina Mendonça*
Revisão: *Sandra Sinzato*
Assistente de arte: *Ana Karina Rodrigues Caetano*
Gerente de produção: *Felício Calegaro Neto*
Projeto gráfico: *Telma Custódio*
Capa e diagramação: *Manuel Rebelato Miramontes*
Mapas e ilustrações: *Teresa Groselj, fsp.* São Paulo; vida, ícones e
encontros. *São Paulo: Paulinas, 2009.*

1ª edição – 2012

*Nenhuma parte desta obra pode ser reproduzida ou transmitida por qualquer forma e/ou
quaisquer meios (eletrônico ou mecânico, incluindo fotocópia e gravação) ou arquivada em
qualquer sistema ou banco de dados sem permissão escrita da Editora. Direitos reservados.*

Paulinas
Rua Dona Inácia Uchoa, 62
04110-020 – São Paulo – SP (Brasil)
Tel.: (11) 2125-3500
http://www.paulinas.org.br
editora@paulinas.com.br
Telemarketing e SAC: 0800-7010081
© Pia Sociedade Filhas de São Paulo – São Paulo, 2012

Sumário

1. Cidadão de dois mundos 7
2. O Caminho...........................11
3. Planos e contraplanos.......................15
4. Nunca mais a mesma vida 19
5. Por um triz.............................25
6. Visitante inesperado 31
7. Aventuras 35
8. Apuros e mais apuros........................39
9. Um convite 43
10. Liberdade e cativeiro......................47
11. A caminho da Grécia....................53
12. Tumulto 59
13. Milagre e adeus 67
14. A profecia......................71
15. Emboscada frustrada 77
16. "Exceto por estas correntes..."...............85
17. Naufrágio! 89
18. Da cidade eterna... para a eternidade 99
Oração 108
Glossário 109
Anexo – Mapas das viagens de Paulo 111

1
Cidadão de dois mundos

— *F*oi a melhor decisão que já tomei – repetiu o fabricante de tendas. Agachado ao lado do filho, ele demonstrava a maneira apropriada de manejar as ferramentas da profissão da família. O jovem observava atentamente:

– Está certo assim, pai? – perguntou, empurrando habilmente uma longa agulha na pele de animal.

– Sim, Saulo. Está perfeito.

"É uma boa hora para também ensinar ao menino coisas mais importantes", refletiu o fabricante de tendas, lembrando-se do dia em que decidira ser cortês com o general romano. Não fora fácil, porque todo romano ou romana – do oficial mais graduado ao servo mais humilde, cujos pais talvez tivessem sido escravos – tinha certo ar de superioridade. Mas o Império Romano recompensava a amizade com os mesmos golpes impetuosos que usava para punir os ofensores. Estar no lugar certo, na hora certa, e ter consciência disso havia sido muito útil ao fabricante de tendas.

– Alguns anos atrás, Saulo – o fabricante de tendas explicou –, juntei-me a um grupo de mercadores e artesãos locais que se reuniram para saudar o novo cônsul recém-chegado em Tarso. Ele ficou visivelmente satisfeito. Tanto que, na mesma hora, perguntou se eu podia consertar sua tenda de campanha. Minha resposta? "Claro, senhor, com certeza. Será um prazer." A melhor decisão que já tomei! Filho, você sabe que essa cooperação com os romanos é possível aqui, mas não em Jerusalém.

– Sim, pai – Saulo respondeu. – Jerusalém é a cidade santa e os romanos não deviam estar lá. Aqui em Tarso é diferente, embora eu não lembre o motivo...

O fabricante de tendas sorriu.

– Bem, Saulo, deixe-me perguntar-lhe uma coisa: quem é o dono do céu?

– Deus, evidentemente.

– E quem é o dono da terra?

– É Deus.

– E de todas as árvores e da grama, das plantas e das colheitas?

– Deus é o dono de todas elas.

– E a quem pertencem o sol, a lua e todas as estrelas?

Saulo não tinha a mínima ideia de onde seu pai queria chegar, mas respondeu:

– A Deus.

– Quem é o dono de todas as nações da terra?

– Deus.

– E a quem Deus confiou o cuidado e o domínio de toda a terra?

– À humanidade.

– Sendo assim, todas as grandes nações, as cidades e todo o seu povo pertencem aos homens, certo?

– Sim, pai. Deus permitiu esse arranjo para sua glória.

– Ah, mas e Jerusalém?

– Jerusalém é a verdadeira glória de nosso povo. É a cidade de Deus. Deus é nosso rei e somos seu povo especial.

Virando-se para a esposa, o fabricante de tendas disse:

– Viu só? É por isso que quero que Saulo vá para Jerusalém. Ele é esperto, inteligente. Então, Saulo, como eu lhe dizia, uma das coisas mais importantes que já fiz foi agir como amigo daquele general romano. Durante anos fiz muitos favores e mantive negócios regulares com o exército romano. Por isso, quando lhe falei a respeito de obter cidadania romana, o general não só concordou como também ele mesmo apresentou meu pedido. E agora podemos ter orgulho da nossa dupla cidadania, o que torna nossas viagens entre Tarso e

Jerusalém muito mais fáceis... e mais seguras, devo acrescentar.

— Mas ser cidadão da cidade de Deus é a coisa mais importante, não é, pai?

— Sim, é a única cidadania que realmente importa, Saulo. Portanto, precisamos ser cidadãos respeitáveis desses dois mundos – do mundo de Deus, porque Deus é o Senhor de nossas vidas, e do mundo dos homens, porque nossa conduta entre eles glorifica a Deus. Prometa-me que sempre se lembrará disso, mesmo quando estiver em Jerusalém.

— Prometo – respondeu Saulo com voz solene. – Quando irei para a cidade de Deus?

— Logo, meu filho, logo. Mas parece que alguém não ficou muito contente com isso, não é?

Saulo virou-se e viu a mãe enxugando as lágrimas dos olhos com a ponta do avental. Então disse com doçura:

— Não se preocupe, mãe. Ainda tenho de terminar os estudos antes de ir para Jerusalém.

Olhando para a esposa, o fabricante de tendas acrescentou:

— Nossa filha já está em Jerusalém. Seu marido é um ótimo rapaz. Tenho certeza de que vão acolher Saulo em sua casa. Não há necessidade de se preocupar.

2
O Caminho

– *Lembrem-se* – Gamaliel instruiu os alunos –, não quero que escutem esses rabis desautorizados que, de tempos em tempos, aparecem no templo. Vocês vão ficar confusos.

Saulo ouvira falar de um homem chamado Jesus de Nazaré que às vezes ensinava nos pórticos e vestíbulos do templo. Gamaliel, mestre de Saulo, era extraordinariamente silencioso quanto ao assunto do Nazareno, como Jesus era chamado, o que o deixava surpreso, pois esse Jesus não tinha nenhuma instrução formal. "Acho que ele deixa os ouvintes confusos", pensava Saulo. "Há quem diga que os que o ouvem pregar ficam sem saber a diferença entre as opiniões de Jesus e a Lei de Deus."

Enquanto Saulo fazia uma visita à família em Tarso, os acontecimentos relacionados a Jesus e seu ensinamento haviam atingido o clímax. Certos líderes consideravam o Nazareno um impostor – e, pior ainda –, um blasfemador. Então, os romanos se envolveram e houve um grande julgamento. No fim, Jesus foi executado.

Quando voltou para Jerusalém, Saulo perguntou a opinião de Gamaliel a respeito do assunto. Este sacudiu calmamente a cabeça:

– Que Deus seja o juiz – foi tudo que disse. – Que Deus seja o juiz, Saulo.

Esse deveria ter sido o fim da história de Jesus, mas não foi. Agora era preciso lidar com todos os seus seguidores. "Um grupo estúpido e teimoso", pensava Saulo. "Por que simplesmente não esquecem esse Jesus e tocam suas vidas em frente?"

Saulo trouxe seus pensamentos dispersos de volta ao momento presente. A qualquer momento começaria o debate com Estêvão. O jovem era um dos que tinham menos papas na língua entre os membros dessa nova seita dos seguidores de Jesus – o Caminho, como era conhecida. Estêvão era uma espécie de agitador. Espalhara os ensinamentos de Jesus pela cidade toda. Era voz corrente que, havia pouco tempo, os discípulos originais de Jesus tinham-no escolhido como companheiro – e o chamavam de "diácono". Dizia-se até que ele fizera alguns milagres...

Estêvão mal conseguiu acabar uma discussão com os membros da Sinagoga dos Libertos Romanos, pois alguns homens se apresentaram e o acusaram de blasfêmia, e agora iria depor diante de todo o Conselho de Anciãos.

– Irmãos e pais – Estêvão começou –, vou explicar-lhes a relevância da mensagem de Jesus, começando com nosso pai Abraão...

"Esse homem parece obcecado", Saulo pensou consigo mesmo. Ele até queria escutar. Afinal de contas, Estêvão era um debatedor muito persuasivo. Mas o pedido de um dos assistentes do chefe dos sacerdotes atrapalhou Saulo. O sujeito lhe disse que se acontecesse alguma coisa por causa do confronto com Estêvão, ele deveria guiar a multidão para fora, até um local designado, pouco além das portas da cidade. Saulo percebeu que essa atribuição era uma honra para alguém da sua idade. Ele também sabia que essas pequenas tarefas, se bem desempenhadas, no futuro o levariam a um lugar importante.

Por isso, saiu do vestíbulo e dirigiu-se para o local escolhido, nada mais que um pequeno pedaço de terra rochosa, marcado por algumas árvores e moitas esparsas. Convencido de que poderia facilmente guiar a multidão até ali, Saulo voltou ao lugar de onde viera.

Ao entrar na sala do conselho, ele ouviu a voz clara de Estêvão dizer:

– Vocês são muito teimosos. A lei lhes foi ditada por anjos e vocês não a observaram!

Para os ouvintes, essa foi a gota d'água. Então, eles derrubaram Estêvão. Enquanto este, olhando para o alto, como se visse os próprios anjos de que falava, exclamou:

– Vejo o céu aberto. Ali! Vocês veem Jesus sentado ali à direita de Deus?

Houve uma investida repentina em sua direção. Alguns homens taparam os ouvidos. Outros rasgaram seus mantos. Braços fortes agarraram Estêvão. Saulo entrou em ação e assinalou para a multidão que o seguisse. Com grande rapidez, o povo todo chegou ao local que Saulo estudara havia poucos momentos. Estêvão foi empurrado para o chão. A multidão começou atirar pedras, mas, para espanto de todos, ele ergueu-se e gesticulou em direção ao céu.

De pé ao lado da pilha de mantos da qual tomava conta, Saulo ouviu claramente a última oração de Estêvão: "Senhor Jesus, acolhe meu espírito. Não os condenes por este pecado".

"Que maluquice!", Saulo pensou. Estêvão falava com Jesus, um morto, como se ele fosse Deus. "E o pecado... o pecado é sua blasfêmia! É nosso dever tirar-lhe a vida."

3
Planos e contraplanos

Nos dias que se seguiram à morte de Estêvão, Saulo encontrou-se muitas vezes com os amigos. Um dia, o grupo passou por dois homens na rua. O mais jovem falava ao outro sobre a vida de Jesus.

– Vocês ouviram isso? – Saulo perguntou. – Quem são esses homens? Quando saí de Jerusalém, eles não eram nada. Estavam acabados! Agora, olhem para eles! Como vocês permitiram que esse movimento ficasse tão fora de controle?

Saulo estava muito agitado. Andava de um lado para o outro, gesticulava nervoso. Seus companheiros estavam atônitos. Fazia apenas uma ou duas semanas que seu amigo voltara à cidade, mas ele estava muito preocupado com o que via.

– Não há um único rabi entre os seguidores de Jesus – Saulo continuou sem parar para respirar. – Há um coletor de impostos, mas isso não é vantagem! Parece que o grupo cresce, mesmo sem Jesus. Cada dia eles ficam mais audaciosos – nesta esquina, naquela casa, até dentro do templo. É preciso detê-los!

De repente, Saulo ficou imóvel, alisando metodicamente a ponta de sua barba.

– Todos concordamos com você, Saulo – Dan interrompeu –, mas temos de pensar em Gamaliel. Você estudou com ele. Todos nós estudamos. Você conhece a opinião dele. Realmente, os sumos sacerdotes queriam que Pilatos condenasse Jesus, mas Gamaliel não ficou satisfeito. Ele acha que os seguidores do Caminho são sinceros e que, se forem induzidos ao erro ou se desiludirem, o movimento todo acabará por si só.

– É provável que acabe – acrescentou Reuben. – Vejam o grupo deles: um punhado de mulheres e de pobres diabos. Que formação eles têm? Aparentemente, o líder é o galileu Cefas. Acho que ele era pescador. De fato, parece que muitos dos seguidores de Jesus são pescadores.

Saulo apertou mais o manto em volta dos ombros:

– Precisamos fazer alguma coisa. Precisamos pôr um fim nessa loucura, antes que o povo se converta.

Ele olhou um a um dos que ali estavam.

– Vocês me contaram como o povo se comportou quando Jesus veio a Jerusalém pela última vez. Foi praticamente adoração. Agitaram ramos de palmeira e estenderam mantos na estrada. Não podemos deixar esse movimento se espalhar! Vou pedir autorização ao chefe dos sacerdotes para começar a erradicá-lo. Pedirei que isso comece fora de Jerusalém. Talvez em Damasco.

* * *

Saulo estava a caminho de Damasco com um pequeno grupo de homens que, como ele, estavam determinados a forçar os seguidores de Jesus a ficarem fora das sinagogas. O próprio Saulo levava uma carta do sumo sacerdote autorizando-os a fazer isso.

Saulo, que estava com vinte e poucos anos, sonhara com grandes façanhas em defesa de sua fé. Essa meta levara-o a estudar em Jerusalém, o coração do mundo judaico. Ele sonhava ser outro Davi. Combateria os inimigos de seu povo e de seu Deus. Começaria com esses seguidores de Jesus, mas futuramente seria preciso agir também contra os romanos.

Era verdade que Saulo fora educado para ser um estudioso, mas era jovem e competente. Para ele, todos os outros pareciam fracos. Todos concordavam que alguma coisa tinha de ser feita, mas ninguém tinha um plano. Ninguém, exceto ele. Talvez esse fosse o chamado à grandeza que ele sentia ser seu destino. Talvez esse fosse o primeiro dia de uma grande carreira. Seria uma figura admirada em Jerusalém. "Sim" – ele refletiu –, "mas preciso lembrar-me de que é tudo pela glória de Deus. Preciso defender os direitos de Deus."

4
Nunca mais a mesma vida

"A viagem foi tranquila", pensou Saulo, quando finalmente avistaram a cidade de Damasco. "Desinteressante e cansativa. Mas pelo menos não topamos com ladrões." Ele se voltou para o chefe dos guardas:

– Vamos diretamente para a comunidade deles – instruiu. – Diretamente para a rua Direita, onde sabemos que moram os seguidores do Caminho. Passaremos um dia ou dois observando seu comportamento e identificando os que comparecem a suas reuniões. Então atacaremos, rapidamente e sem aviso, do mesmo modo que fizemos durante as batidas que praticamos em Jerusalém.

O que Saulo não percebeu é que seus movimentos estavam sendo vigiados. Alguém estava seguindo sua marcha e sabia exatamente o que ele pretendia fazer em Damasco.

De repente, uma luz muito forte explodiu ao redor dele. Era tão ofuscante, que ele não conseguia enxergar. Ficou momentaneamente atordoado e caiu por terra. "O que está acontecendo?",

"O que está acontecendo?"

ainda chegou a pensar. Uma voz, então, o chamou. Os companheiros de Saulo estavam aturdidos e amedrontados. Ouviam a voz, mas não viam ninguém. Eles se viraram brandindo as espadas para o inimigo invisível.

– Saulo, Saulo! – uma voz clamou. – Por que me persegue, Saulo?

Saulo, chocado, perguntou um pouco amedrontado:

– Quem és tu?

– Eu sou Jesus, a quem você está perseguindo – a voz ressoou no fundo de sua alma.

Agora, Saulo não só ouvia Jesus, mas também o via de pé diante dele. Parecia que o tempo havia parado. Estatelado na estrada, ele não reagiu. Tão de repente quanto apareceram, a luz e Jesus sumiram. Saulo ficou deitado no silêncio e na escuridão, incapaz de enxergar. Depois lhe ocorreu que fora emboscado e roubado pelo próprio Deus – roubado de todos os seus planos. O que aconteceria agora com a glória e a fama de Saulo? O que aconteceria com a glória de Deus?

A voz lhe deu as últimas instruções:

– Agora vá à rua Direita e espere lá. Vão dizer a você o que fazer.

Dois dos homens que viajavam na comitiva tiveram de guiar Saulo até a cidade. Dúvidas lhe giravam na cabeça. Mas ele precisava obedecer. Nada mais importava. Saulo não parava de resmungar a respeito de uma casa na rua Direita. Depois de procurar um pouco, seus companheiros a encontraram. Os dois ajudaram Saulo, quando ele tropeçou no alpendre. Guiaram-lhe a mão até a porta e ele bateu.

— Sim, sim — respondeu o dono da casa. — Entre depressa.

* * *

Saulo encontrou certo conforto em seu estranho mundo escuro. Não enxergava e mal conseguia pensar, mas podia rezar. E rezar foi o que ele fez. Durante três dias, recusou-se a comer e beber. Mas rezou como nunca!

No terceiro dia, a algumas quadras dali, um homem chamado Ananias também estava tendo uma conversa com Jesus. Amigos tinham mandado dizer aos fiéis de Damasco que desconfiassem de um certo jovem fariseu zeloso, chamado Saulo. Havia rumores de que ele planejava algum golpe contra eles. E, contudo, o próprio Jesus estava agora orientando Ananias para que visitasse esse jovem.

— Vá à casa de Judas na rua Direita — disse Jesus. — Lá encontrará um homem chamado Saulo necessitado de que lhe imponha a mão. Ele está rezando por orientação. Não tema, Ananias, sei quem é Saulo e por que ele está aqui, mas eu o escolhi para levar minha mensagem às nações pagãs. Vou lhe mostrar como ele terá de sofrer por mim.

Na casa de Judas, Saulo havia acabado de ter uma visão perturbadora na qual um estranho chamado Ananias vinha curá-lo. Enquanto procurava entender o sentido de tudo isso, esse Ananias chegou à porta.

Colocando as mãos trêmulas sobre os olhos de Saulo, o visitante lhe disse:

– Saulo, meu irmão, Jesus, que lhe apareceu, mandou-me para que você recobre a vista e receba o Espírito Santo.

A essas palavras Saulo teve uma sensação esquisita, como se escamas lhe caíssem dos olhos. Ele estava enxergando novamente! Levantou-se e Ananias o batizou. Depois de aceitar um pouco de alimento, sentiu-se mais forte. Uma coisa maravilhosa lhe acontecera. A vida nunca mais seria a mesma. Ele estava diferente. Agora sabia, sem sombra de dúvida, que os seguidores do Caminho estavam certos – Jesus era realmente o Filho de Deus!

Mas o que tudo aquilo significava? O que Jesus esperava dele?

"Saulo, meu irmão, Jesus mandou-me para que você recobre a vista e receba o Espírito Santo."

5
Por um triz

O pátio estava lotado. Parecia que todos os seguidores do Caminho, em Damasco, tinham vindo à assembleia convocada às pressas. Disseram aos fiéis que um jovem recém-convertido queria dirigir-lhes a palavra. Era um fariseu de Jerusalém. Diversos membros da congregação começaram a sussurrar.

– Deve ser Saulo de Tarso! Não se lembra?

– Você está certo! Os irmãos e irmãs de Jerusalém mandaram dizer que ele estava vindo para cá a fim de prender todos os seguidores de Jesus que encontrasse. Disseram que ele até trazia uma carta de autorização do sumo sacerdote!

O que falava olhou nervosamente por sobre o ombro, a fim de ver a reação dos que estavam atrás. Parecia que toda a multidão estava nervosa.

Tinha sido um grande alívio para os convertidos judeus refugiados estabelecerem-se em Damasco, depois de todo o alvoroço causado pela perseguição do Caminho em Jerusalém. O povo de Damasco tinha sido muito liberal e aceitara a comunidade de fiéis. Agora, esses mesmos fiéis estavam apreensivos e ansiosos. Seria Saulo *realmente* um deles? Havia muita força ao redor dele... Ele parecia um incêndio na noite. E as chamas sempre parecem mais perigosas e assustadoras no escuro.

Ananias pôs-se à frente e ergueu as mãos, pedindo silêncio.

– Irmãos e irmãs, por favor, me escutem. Sei que estão apreensivos. Veem Saulo aqui diante de vocês e sabem que ele maltratou nossa Igreja em Jerusalém. Imaginam que ele veio aqui para prendê-los. Mas escutem Saulo, meus amigos... Ele se tornou nosso irmão.

Ananias estendeu a mão e deu um tapinha tranquilizador no braço do jovem. Saulo, então, começou a relatar seu encontro com Jesus.

– Foi verdadeiramente Jesus que me apareceu, irmãos e irmãs. Sim, eu pretendia fazer-lhes grande mal, mas o Senhor me impediu. Agora sou um novo homem. Vocês precisam acreditar que meu único desejo é difundir a Boa-Nova da ressurreição de Jesus.

Um murmúrio de espanto percorreu a multidão. O povo percebeu a sinceridade de Saulo. Ele já não era o temido perseguidor das novas comunidades de fiéis. Aqui estava ele diante de todos, afirmando ter visto o Ressuscitado, afirmando ter sido escolhido pelo Senhor. Silenciosamente, os fiéis louvaram a Deus por essa maravilhosa transformação.

Mas o júbilo entre os seguidores de Jesus durou pouco, pois alguns membros da comunidade judaica que não acreditavam em Jesus estavam vigiando Saulo atentamente e tramavam um meio de livrar-se dele. Para eles, esse jovem era uma ameaça. Não podiam permitir que seu ensinamento continuasse...

* * *

Saulo foi para a casa de Ananias, onde devia pregar para algumas pessoas que ainda questionavam o novo ensinamento. Mal ele saiu à porta, foi empurrado para um beco. Taparam-lhe a boca impedindo quaisquer protestos. Então, ríspidos sussurros deram-lhe um aviso:

— Perdoe esta rude saudação, Saulo, mas você está correndo perigo! Joab ouviu alguns homens tramando contra você na sinagoga. Pretendem fazer o mesmo que você vinha aqui fazer conosco. Planejam capturá-lo esta noite, antes de você chegar à casa de Ananias.

Saulo, então, livrou-se de Barnabé, o homem que o estava segurando.

– Por que devo temê-los? – ele praticamente gritou. – Estou pronto para enfrentar qualquer coisa por amor a Jesus.

– Cale-se! – foi a resposta. – Alguém pode nos ouvir. Não é momento de ser mártir. Colocaria todos nós em perigo. A Igreja precisa de você. Imagine o bem que pode fazer, a multidão que trará para o Senhor. Você tem o conhecimento e a capacidade de falar por Jesus. Precisa fugir. Vá para algum lugar onde possa pregar com mais liberdade!

Um segundo homem surgiu das sombras:

– Venha conosco, Saulo – insistiu. – Está tudo preparado para a sua fuga.

O primeiro homem continuou:

– Há um grande número de guardas em todas as portas da cidade. Eles o estão procurando, Saulo. Mas temos um plano. Logo as nuvens vão esconder a lua. Precisamos chegar depressa à muralha para aproveitar a escuridão. Fique quieto. Venha!

Saulo, ainda aturdido pelo grande número de informações, seguiu os dois homens. Eles seguiram andando junto das paredes, subindo escadas e caminhando por trilhas sem serem descobertos. Quando chegaram à muralha da cidade, agacharam-se e prenderam a respiração.

Como tinham previsto, uma nuvem negra passou em frente da lua, envolvendo-os em uma escuridão protetora. Os homens entraram novamente em ação.

— Eis um pouco de água e comida para a viagem, Saulo — anunciou uma nova voz. — Agora entre no cesto!

Enquanto punham um pacote em suas mãos, Saulo viu um grande cesto de vime sendo empurrado em sua direção.

— Entre — veio a ordem.

Saulo hesitou:

— Tem certeza de que isso vai me aguentar?

— Tenho — respondeu uma voz impaciente. — É usado para erguer pedras para a fonte da praça. Está preso a uma roldana muito forte.

Agarrando o pequeno embrulho, Saulo entrou no cesto e sussurrou:

— Rezem por mim, irmãos.

— Deus esteja com você, Saulo — os homens responderam. Soltando a corda, eles desceram o cesto por cima da muralha. Foi uma descida acidentada, mas acabou em questão de minutos. Dessa forma, Saulo saiu do cesto e, depois de acenar para seus salvadores, desapareceu na noite.

"Rezem por mim, irmãos!"

6
Visitante inesperado

Fazia algum tempo que Saulo voltara para casa em Tarso. Seu coração ainda ansiava por proclamar Jesus e seu Evangelho para todos, mas a lembrança de seu aparente fracasso em Damasco o perseguia. Ele até passara um longo tempo no deserto, rezando e refletindo em sua missão.

"Senhor", ele rezou, "sei que me chamaste. Se ao menos eu tivesse certeza de que a Igreja confia em mim, estaria lá fora pregando teu nome."

Ele, que outrora fora perseguidor temido e feroz, agora passava seus dias sentado na tenda do pai, trabalhando, costurando peles de cabra com uma longa agulha. A maior parte do tempo ficava em silêncio. Ninguém, nem mesmo o pai, falava muito com ele.

Como seu pai se sentira orgulhoso quando Saulo se sobressaíra nos estudos, sob a orientação de Gamaliel! Quando Saulo foi encarregado de ir a Damasco e começar o expurgo dos falsos crentes, o pai vangloriou-se para todo mundo. Agora, o homem estava confuso e desconcertado com todos os relatos das reviravoltas do filho.

Saulo tinha muito tempo para pensar, rezar e esperar. Mas *o que* esperava? Logo ele iria descobrir.

Certo dia, uma voz conhecida irrompeu no mundo silencioso de Saulo:

– Você nunca olha para cima, meu amigo? – ralhou o visitante.

Saulo ergueu os olhos da pele estendida em seu colo. Viu, então, um rosto sorridente, com olhos que ardiam com o mesmo fogo que lhe atormentava o coração.

Vendo o olhar espantado no rosto de Saulo, o homem brincou:

– Olá para você também, irmão!

– Barnabé, Barnabé! – Saulo levantou-se de um pulo e abraçou o amigo, o homem que fora um dos primeiros a acolhê-lo na companhia dos fiéis. – Lamento não tê-lo ouvido, Barnabé – Saulo desculpou-se. – Eu estava pensando.

– Não precisa desculpar-se, Saulo. Ou devo chamá-lo de Paulo, seu nome romano, aqui em Tarso? Acho que combina com você. Bem, vim buscá-lo, Paulo. Descanso demais não é bom para um homem de energia. Vamos a Antioquia difundir a Boa-Nova de Jesus!

"Quem diria que não judeus estariam tão dispostos a acolher a Boa-Nova, Barnabé?"

"Sim, e eles nos chama de cristãos!"

* * *

— Esta gente é sensacional... Você não acha, Barnabé? Eles realmente respondem a nossa pregação. Quem diria que não judeus estariam tão dispostos a acolher a Boa-Nova?

— Sim, e você ouviu do que eles nos chamam, Paulo? "Cristãos", que quer dizer "seguidores de Jesus Cristo"!

— O nome é perfeito — Paulo respondeu com um sorriso. — Sabe, Barnabé, estive pensando...

— Outra vez? — Barnabé riu.

— Ontem à noite, depois de ouvirmos o profeta Ágabo falar sobre a fome que logo afetará a terra toda, tive uma ideia. Estas pessoas, nossa nova família aqui em Antioquia, são abastadas. Vamos sugerir aos líderes que seja feita uma grande coleta em preparação para os tempos difíceis que estão por vir.

— Sim, Paulo... Apoiarei sua proposta às autoridades. É realmente uma boa ideia, um plano necessário.

Barnabé ficou sério por um momento.

— Paulo, e se você e eu formos escolhidos para levar ajuda a Jerusalém? Você ficaria feliz com isso?

— Estou mais que ansioso para voltar a Jerusalém, Barnabé. Mais que ansioso!

7
Aventuras

– *G*ostaria que tivéssemos chegado aqui mais cedo, Paulo. Parece que a fome já atacou a terra santa.

– Sim, há tanta gente faminta. Mas, embora eu lamente a situação, Barnabé, fizemos o que podíamos e trouxemos ajuda financeira aos irmãos e irmãs. Estou pronto para retornar a Antioquia. É lá que está meu coração. Jesus mandou-me ser apóstolo para *todas* as nações, não só para os judeus. Estou ansioso para continuar nosso trabalho.

Logo, Paulo e Barnabé estavam a caminho de Antioquia, levando com eles um jovem discípulo, chamado João Marcos.

***

– Saulo, Barnabé, aproximem-se, por favor – pediu um dos anciãos da comunidade cristã. – Enquanto rezávamos há pouco, pedindo a Deus para nos mostrar sua vontade, parece-me que todos sentimos o poder do Espírito.

– Sim – acrescentou outro –, e o desejo do Espírito Santo é que vocês, nossos irmãos Saulo e

Barnabé, sejam completamente livres para fazer o trabalho de Deus.

O primeiro ancião continuou:

– Nosso olhar atento caiu imediatamente sobre vocês, enquanto rezávamos, e todos sentimos o mesmo desejo de que os dois sejam enviados a pregar a Palavra. Assim, impomos nossas mãos sobre vocês e invocamos o poder de Deus para suas mentes, seus corações, suas vozes e seus pés.

Paulo e Barnabé ergueram a cabeça e, então, Paulo levantou-se e disse para a assembleia:

– Obrigado, irmãos, pela confiança e por sua bênção. Estamos prontos para ir. De fato, temos tido esperança de sermos enviados em outra viagem para difundir a Boa-Nova.

Sorrindo, Barnabé concordou com um aceno de cabeça e acrescentou:

– Sairemos assim que clarear.

Quantas pessoas ouviram a maravilhosa Boa-Nova da salvação durante essa viagem missionária! Paulo e Barnabé eram ambos muito entusiasmados e convincentes. Em Selêucida e Chipre, falaram com todos que encontraram. Quando chegaram a Salamina, encontraram-se com a comunidade judaica na sinagoga local. João Marcos foi com eles.

Um dia, quando entraram na cidade de Pafos, encontraram um homem esquisito que alegava ser profeta e também mágico. Ficaram admirados ao descobrir que esse homem, Bar-Jesus, também conhecido como Elimas, era judeu. Estava havendo uma discussão e o ardor se elevava juntamente com as vozes. Elimas tentava impedir o governador de acolher Paulo, Barnabé e João Marcos.

— Mas, governador, me escute — ele insistiu. — Esses homens só nos trarão problemas. Fazem parte de uma seita que foi expulsa de Jerusalém por causa de suas blasfêmias. Como podem ter permissão para enganar o bom povo de Pafos?

Virando-se depressa, Paulo encarou Elimas e disse:

— Você é um embusteiro, não é profeta de Deus coisa nenhuma! Você é filho do diabo. Até quando vai continuar com essa fraude? A mão de Deus está sobre você neste exato momento. Você tem uma lição a aprender. Ficará temporariamente cego.

Imediatamente, os olhos de Elimas anuviaram-se e ele não conseguia ver mais nada! O governador ficou admirado com essa exibição do poder de Deus e acreditou nas palavras de Paulo e Barnabé.

* * *

Os apóstolos continuaram as viagens e a pregação. Em alguns lugares, eram acolhidos com ansiedade, como verdadeiros porta-vozes de Deus. Em outros, eram rejeitados e até enxotados como arruaceiros. Estava se tornando comum: ao entrarem em uma cidade, eles iam até os líderes judeus, talvez pregando para toda a comunidade na sinagoga. Se eram aceitos, ficavam e ensinavam a Boa-Nova. Se os judeus lhes viravam as costas, os apóstolos aproximavam-se dos outros cidadãos, os não judeus, como começaram a fazer em Antioquia e Pisídia. Muitas vezes, essas pessoas estavam abertas à mensagem evangélica e formavam uma nova Igreja de fiéis. A partir de então, os apóstolos passaram a concentrar esforços nos gentios.

— Essa era a vontade de Deus, quando ele nos escolheu para esta missão e nos encarregou de levar a luz a todas as nações.

A essa altura, embora parecesse que tudo estava bem, João Marcos decidiu voltar a Jerusalém. Foi um desapontamento para Paulo e Barnabé, mas para eles já não havia volta.

8
Apuros e mais apuros

*P*aulo e Barnabé visitavam o maior número de cidades importantes que podiam. Os povos da Ásia Menor estavam abertos ao que eles tinham a dizer. Mas às vezes, como em Icônio, os líderes judeus instigavam a controvérsia e incitavam os cidadãos contra os apóstolos, interrompendo a obra do Evangelho. Assim, de Icônio, os dois caminharam para a bela cidade de Listra.

— Essa gente deve ser muito religiosa — Paulo observou, chamando a atenção de Barnabé para o magnífico templo, no topo da colina.

Quando os cidadãos se reuniram para ouvi-los, Paulo notou que um homem estava completamente concentrado em sua mensagem. Acreditando que o Espírito Santo o estava inspirando, ele gritou para o homem se levantar.

— Ele não pode — alguém gritou em resposta. — Não vê que é inválido?

Paulo vira a deficiência do homem, mas isso lhe deu mais confiança no poder de Deus em ação por meio dele.

– Levante-se, meu amigo – Paulo insistiu.

O homem, alcançado pela graça daquele chamado, levantou-se de um salto e começou a caminhar.

A multidão ficou atônita. Logo se ergueu uma voz:

– Sejam bem-vindos, deuses!

– Sim! Sim! Bem-vindos! – a multidão toda se manifestou com gritos de louvor. – Os deuses voltaram para nós sob a forma destes homens!

O povo da cidade supunha que Barnabé era Júpiter e Paulo, Apolo. Até o sacerdote pagão local incentivou a multidão a oferecer sacrifícios aos assustados apóstolos. Paulo e Barnabé rasgaram suas vestes, na esperança de demonstrar que eram apenas homens. Mas o entusiasmo da multidão não arrefeceu, por isso os apóstolos pediram silêncio.

– Amigos, escutem-nos! – Paulo exclamou. – Não somos deuses! Somos homens normais, como vocês. Mas trazemos uma mensagem do Deus *verdadeiro*. Ele sempre esteve aqui com vocês, na beleza que os cerca, na chuva que produz as colheitas, no alimento que os sustenta e na alegria e felicidade do amor e da amizade.

O efeito tranquilizador dessas palavras foi destruído, quando um grupo de adversários dos apóstolos chegou de Antioquia e Icônio, as cidades que eles tinham visitado recentemente. Esses homens fizeram o povo de Listra voltar-se contra Paulo e Barnabé.

Como líder, Paulo foi escorraçado da cidade, sob pedradas. Assim que o furor se dissipou, Barnabé e alguns fiéis simpatizantes reuniram-se com tristeza ao redor do que pensavam ser o cadáver de Paulo. Para seu espanto, de repente, Paulo se levantou! Todos juntos, então, voltaram à cidade.

No dia seguinte, Paulo e Barnabé partiram para Derbe. A notícia da milagrosa recuperação de Paulo deve tê-los precedido, pois em Derbe muitos se tornaram discípulos de Jesus.

Paulo e Barnabé logo voltaram para os vilarejos e cidades que tinham visitado. Incentivaram as comunidades de fiéis e designaram líderes para elas. Quando regressaram a Antioquia, fizeram um relatório completo de sua viagem missionária. A Igreja toda se alegrou. O maior motivo de alegria foi a notícia de que até os pagãos haviam aceitado o Caminho do Senhor.

Certo dia, porém, quando Paulo rezava tranquilamente, Barnabé o chamou.

— Meu amigo, parece que alguns de nossos irmãos chegaram aqui vindos da Judeia e estão nos criticando por incluir os gentios.

Juntos, Paulo e Barnabé procuraram explicar a ação do Espírito nos corações dos gentios. Entretanto, os irmãos da Judeia não se convenceram.

– Para serem contados como nossos irmãos, os gentios precisam primeiro ser circuncidados, como Moisés ordenou – eles insistiram. – Somente então acreditaremos que eles são membros sinceros da Igreja.

Nada que os dois dissessem os fazia mudar de opinião. A única coisa a fazer era consultar Pedro e os outros apóstolos que viviam em Jerusalém. Todos concordaram que eles eram especialistas nos ensinamentos e na vontade de Jesus. Assim, Paulo e Barnabé dirigiram-se para Jerusalém.

9
Um convite

Convocou-se um concílio em Jerusalém sob a liderança de Pedro. Foram apresentados argumentos pró e contra aceitar os gentios como membros regulares da Igreja. Finalmente, Pedro levantou-se.

– Embora vocês tenham sido escolhidos para serem dele, Deus não faz distinção quando se trata de fé – ele lembrou aos ouvintes. – Deus dá esse dom livre e igualmente a todos os que creem. Então, por que querem discutir com Deus? Não é aceitando os fardos da Lei, mas sim pela graça de nosso Senhor que todos somos salvos. O Espírito Santo foi dado aos judeus e também aos gentios.

Pedro então convidou Paulo e Barnabé para relatarem os maravilhosos prodígios de Deus entre os gentios.

Tiago falou em seguida:

– Lembrem-se, irmãos, das palavras de Amós, o profeta, que disse: "Deus reconstruirá a tenda de Davi. Todos os buracos serão consertados. Todas as nações outrora minhas vão me procurar, diz o

Senhor". Não dificultemos mais as coisas para os fiéis gentios. Sugiro que enviemos uma carta a essas Igrejas, lembrando-as de que devem observar as leis mais importantes de Moisés. Devem evitar alimentos que foram sacrificados a ídolos, a carne de animais estrangulados e o casamento ilícito.

Todos concordaram. Escolheram Judas e Silas, também conhecido como Silvano, para acompanharem Paulo e Barnabé. Os quatro levaram a carta de aceitação a todas as Igrejas. Depois disso, Paulo e Barnabé ficaram algum tempo em Antioquia, pregando e instruindo a muitos.

* * *

– Barnabé – Paulo anunciou certo dia –, estou ansioso para visitar os discípulos espalhados pela Ásia Menor. Precisamos saber como eles estão se saindo.

– Concordo – Barnabé respondeu. – Vamos levar João Marcos conosco.

Mas, à menção do nome de João Marcos, iniciou-se uma acalorada discussão entre os dois amigos. Paulo era totalmente contra convidar o jovem para acompanhá-los. Afinal de contas, João Marcos havia se mostrado muito preocupado e hesitante naquela primeira viagem, abandonando Paulo e Barnabé na Panfília para voltar para casa.

– Não, Barnabé – Paulo disse com firmeza –, esse jovem não está preparado para o trabalho da Boa-Nova.

Barnabé ficou tão frustrado com a recusa de Paulo que, deixando-o para trás, foi com João Marcos para Chipre.

Paulo escolheu Silas como seu novo companheiro. Juntos, refizeram a viagem original de Paulo pela Síria e Cilícia e, então, seguiram para a Galácia. Na cidade de Derbe, encontraram um jovem chamado Timóteo. Sua mãe, Eunice, e sua avó, Loide, já eram seguidoras de Jesus. Timóteo estava ansioso para juntar-se a Paulo e Silas. Também ele queria pregar a respeito de Jesus. Paulo ficou cheio de alegria com a possibilidade de ter em sua companhia esse jovem entusiasmado.

– Ele será um grande chamariz para outros jovens – disse Paulo. – Estamos envelhecendo, Silas. Para essas Igrejas terem sucesso, precisamos atrair os jovens. Devemos sempre ter um companheiro jovem!

Percebendo que uma pergunta quanto a João Marcos se formava nos lábios de Silas, ele astutamente acrescentou:

– O jovem *certo*, é claro!

Paulo logo descobriu que, como seu pai não era judeu, mas sim grego, Timóteo não fora circuncidado. Isso seria um empecilho, quando se aproximassem das comunidades judaicas nas cidades que iam visitar. Por isso a cerimônia tinha de ser realizada, e foi. Timóteo acompanhou Paulo e Silas quando eles viajaram pelo território da Frígia e da Galácia.

As pessoas dessas regiões ficaram encantadas ao rever Paulo. Para ele, esse período foi muito consolador. Suas instruções eram bem recebidas e o número de fiéis aumentava com constância. Paulo almejava ir às vastas terras da Ásia, mas o Espírito Santo colocou muitos obstáculos em seu caminho. "Deus deve ter outro plano para nós", pensou Paulo, "um plano melhor, naturalmente". Uma noite, enquanto cochilava, chegou a resposta. Na manhã seguinte, emocionado, ele deu a notícia a Silas.

– Foi um convite tão claro, Silas! O homem no meu sonho não parava de me chamar e fazer sinais para eu ir à Macedônia. Ele dizia: "Venha nos ajudar!".

Assim, Paulo e Silas partiram. Depois de alguns dias de viagem por mar, chegaram a Filipos, uma das principais cidades da Macedônia. Estavam agora bem adiantados na segunda viagem missionária de Paulo... e aventurando-se em território desconhecido.

10
Liberdade e cativeiro

O trio jamais perdia a oportunidade de contar a história de Jesus. Às vezes até tinham de ser engenhosos. Em uma dessas ocasiões, Paulo e os companheiros seguiram por uma barragem para chegar a uma reunião popular, em um lugar junto ao rio, logo na saída da cidade de Filipos. Era sábado e muitas mulheres rezavam ali. Eles, então, sentaram-se e participaram da oração. As mulheres convidaram-nos a dizer algumas palavras e aceitaram com entusiasmo a pregação dos apóstolos. Uma das mulheres, chamada Lídia, ficou particularmente impressionada.

— Obrigada por essas palavras de esperança — disse ela, voltando-se para Paulo. — Posso convidá-los a se hospedarem em minha casa na cidade?

À medida que as reuniões prosseguiam, ela insistia cada vez mais. Com o tempo, toda a sua casa abraçou a fé. Finalmente, Silas sugeriu que aceitassem seu generoso convite.

— Afinal de contas — ele argumentou —, Lídia é influente, bem conhecida e respeitada como co-

Em Filipos, junto ao rio, era sábado e muitas mulheres rezavam. Uma delas, Lídia, ficou impressionada com a pregação de Paulo.

merciante de púrpura. Sermos recebidos em sua casa nos dará não só uma base de operação, mas também uma respeitabilidade que ajudará nossa missão.

Paulo concordou. E assim, durante algum tempo, os três apóstolos aproveitaram a hospitalidade de Lídia.

Certa manhã, quando atravessavam a praça, Timóteo chamou a atenção para uma confusão envolvendo determinada jovem que eles vinham observando.

— Paulo, aquela jovem escrava está de novo em atividade. Quando passarmos por ela, vai fazer escândalo e começar a gritar conosco.

— Eu sei — Paulo respondeu. — Mas talvez hoje seja o dia da graça.

Quando se aproximaram, a jovem começou a insultá-los.

— Olhem para os servos de Deus! — gritou em tom escarnecedor. — Estão aqui para nos dizer como sermos *salvos*. Ouçam com atenção.

Ela estava berrando e dançando loucamente ao mesmo tempo. De repente, parou e pôs as mãos em concha nos ouvidos.

— Psiu! — ela sussurrou. — Vocês os ouvem? Eles não dizem *nada*! — ela lançou estas últimas palavras em tom de desafio.

Paulo sabia de onde elas vinham. Ao passar pela jovem, ele deu meia-volta e dirigiu-se ao espírito maligno que a possuía.

– Ordeno-lhe que em nome de Jesus Cristo saia dela. *Agora*!

Imediatamente o espírito a deixou. Ela cambaleou, depois caiu ao chão, atordoada e muda. Seus patrões, que haviam feito uso da mulher possuída pelo demônio para ganhar dinheiro, ficaram furiosos. Agora, ela nunca mais poderia profetizar. Estava imprestável! Os homens foram atrás de Paulo e Silas, os agarraram e os arrastaram até os magistrados da cidade.

– Estes estrangeiros estão fazendo arruaça! – eles berraram. – São judeus e procuram fazer-nos abandonar nossos costumes como cidadãos de Roma.

Parecia que toda a Filipos estava tumultuada. Sem hesitar, os magistrados mandaram despir os apóstolos e os açoitar. Depois, os mandaram para a prisão. Por terem libertado a jovem escrava das garras do espírito mau, Paulo e Silas foram parar no cativeiro. Seus pés foram acorrentados ao tronco.

Naquela noite, enquanto o carcereiro fazia a refeição da noite com a família, ouviu-se música vindo da prisão que ficava no piso inferior.

– Que é isso? – comentou a mulher do carcereiro. – Quem está lá embaixo? Nunca vi prisioneiros cantando!

– São aqueles judeus que açoitamos hoje à tarde, por tentarem incitar uma revolta contra Roma – o marido respondeu. – Eles devem ser loucos... Mas até que é bonito, não?

Subitamente, o carcereiro e a mulher caíram no chão devido a um tremor repentino. Então veio outro. E outro. Eles ouviram as paredes rachando. Era um terremoto!

O carcereiro conseguiu chegar até a porta. Em pânico, desceu escada abaixo em direção às celas, de espada em punho. Ao ver a destruição da prisão – portas abertas, correntes arrebentadas, prisioneiros andando livremente –, o carcereiro preparou-se para se matar. Era responsável pelos prisioneiros, e, se eles fugissem, levaria a culpa.

Paulo viu o que estava para acontecer e gritou:

– Não faça isso! Estamos todos aqui!

Examinando nervosamente as celas danificadas, o carcereiro percebeu que Paulo tinha razão. Não faltava ninguém. Ele correu até os apóstolos e lançou-se a seus pés.

– Digam-me – implorou –, digam-me o que preciso fazer para ser salvo!

Paulo e Silas ajudaram-no a se levantar, dizendo:

– Creia no Senhor Jesus e você e todos os de sua casa serão salvos.

Deixando os assistentes vigiando os prisioneiros, o carcereiro levou Paulo e Silas para sua casa, no andar de cima, para que eles pregassem a Boa-Nova a sua família, enquanto limpava e enfaixava os ferimentos deles. As palavras que Paulo e Silas pronunciaram tocaram-nos profundamente e, naquela mesma noite, todos receberam o batismo.

De manhã, os magistrados foram informados de que Paulo e Silas eram cidadãos romanos. Percebendo que haviam infringido a lei ao determinar que fossem açoitados, os magistrados mandaram dizer que os apóstolos deviam ser soltos imediatamente.

– Ah, não – replicou Paulo. – Fomos tratados injustamente. Fomos açoitados em público e presos sem julgamento, mesmo sendo cidadãos romanos. Não vamos sair clandestinamente. Que os magistrados venham aqui pessoalmente nos escoltar.

Os magistrados realmente foram à prisão, mas imploraram aos apóstolos que saíssem da cidade. Então, Paulo e Silas foram para a casa de Lídia. Antes de sair da cidade, visitaram todos os discípulos, rezaram com eles e os incentivaram a continuar firmemente no Caminho.

11
A caminho da Grécia

– *P*or que as dificuldades nos seguem por onde quer que a gente vá? – Silas resmungou. – Não faz nem um mês que chegamos aqui em Tessalônica. Mal deu tempo para estabelecer uma comunidade...

– O que você vê, Timóteo? – Paulo interrompeu. Sendo o mais baixo dos três, estava em desvantagem. Não conseguia ver acima da densa sebe, atrás da qual se escondiam.

– Eles estão saindo da casa de Jasão – Timóteo informou.

– Vocês dois fiquem abaixados e bem quietos! – assim que Paulo acabou de falar uma turba ameaçadora passou correndo por eles.

– Covardes! – gritou um.

– Arruaceiros! Onde estão vocês?

– Saiam e nos enfrentem, pregadores!

Timóteo não conseguia se conter. Em seu fervor juvenil, queria confrontá-los. Felizmente, Paulo e Silas seguraram seu jovem amigo pelos ombros, impedindo-o de agir precipitadamente.

Quando a turba passou, Paulo fez, com os companheiros, uma oração pelos fiéis que eles estavam deixando para trás. O grupo incluía membros da sinagoga, mulheres influentes, empresários e alguns cidadãos comuns dessa maravilhosa cidade portuária de Tessalônica e, em especial, Jasão, que os protegera desde a chegada. Assim que a noite caísse, os missionários teriam de escapar secretamente, como já haviam feito tantas vezes antes.

Os líderes judaicos de Tessalônica haviam mandado a mesma turba à cidade vizinha, Bereia, por isso o grupo de apóstolos separou-se temporariamente. Paulo foi na frente, com um pequeno grupo, para Atenas, enquanto Silas e Timóteo ficaram escondidos, até poderem seguir com segurança.

Para Paulo, Atenas era um sonho que se realizava. Quando jovem, em Tarso, estudara a cultura grega. E agora aqui estava ele, cercado por provas da glória e da cultura gregas. Entretanto, para ele, até a visita aos pontos turísticos tinha um novo propósito.

Enquanto dava uma olhada no Areópago, onde os sábios de Atenas às vezes se reuniam, seus olhos caíram exatamente no que procurava. Viu um grupo de pessoas discutindo questões de filosofia.

"Notei que vocês são um povo religioso,
que tem um santuário ao Deus desconhecido.
Quero falar-lhes sobre esse Deus."

– Meus amigos – ele lhes falou –, reparei que vocês são um povo religioso. De fato, notei que têm até um santuário ao Deus desconhecido. Agora, quero falar-lhes justamente sobre esse Deus, se vocês permitirem.

Os homens e mulheres ali reunidos aproximaram-se e ouviram com atenção.

– Este é o Senhor do céu e da terra, criador de tudo que existe. Ele não precisa realmente de nosso serviço. Na verdade, é ele que nos serve, dando-nos vida, respiração e tudo mais. Ele nos convida a buscá-lo em sua vasta criação. Na verdade, não está longe de nenhum de nós, pois é nele que vivemos, nos movemos e existimos. Não foi um de seus escritores que disse: "Somos todos seus filhos?" Então, olhem para si mesmos, para saber como Deus é. Ele não se encontra no ouro, nem na prata, nem na pedra esculpida por outro homem. Deus não os culpa por não o conhecerem, porque hoje ele decidiu ser-lhes revelado. Um homem chamado Jesus foi designado para guiar e julgar todos nós. E Deus deu a todos testemunho do que esse homem disse, ressuscitando-o dos mortos.

Paulo percebeu um pequeno murmúrio na multidão. Primeiro, a audiência começou a rir.

Então, de repente, todos, a um só tempo, começaram a sair.

— Gostaríamos de terminar esta conversa em outra ocasião — um homem disse.

— Mais tarde nós o chamaremos para falar — acrescentou outro.

Desapontado e sem fala, Paulo ficou parado ali. Mas, quando se voltou para ir embora, viu que um grupinho ficara.

— Senhor, meu nome é Dâmaris — disse uma elegante mulher.

— E eu sou Dionísio — disse o homem próximo a ela.

— O aeropagita — Dâmaris acrescentou, enquanto tocava de leve a manga do homem.

Paulo inclinou a cabeça em reconhecimento e pediu que fosse apresentado aos outros que haviam ficado. A Igreja começou em Atenas com esse pequeno grupo.

A parada seguinte de Paulo foi na grande cidade portuária de Corinto. Caminhando pelo cais, notou um homem e uma mulher que discutiam com um mercador sobre o que parecia ser uma pequena pilha de peles de animais. Ele se aproximou e comentou a óbvia qualidade das peles. Piscando dissimuladamente para o casal, disse ao mercador:

— Eu mesmo não pagaria mais que isso.

Quando a venda foi concluída, Paulo foi embora com o casal.

— Deixem-me ajudá-los com essas peles — ele ofereceu. — Sou Paulo, fabricante de tendas de Tarso. E creio que vocês também são fabricantes de tendas.

— Sim — respondeu o homem com um sorriso — Eu sou Áquila e esta é minha mulher, Priscila. Acabamos de chegar de Roma. Na verdade, fomos expulsos pelo imperador Cláudio. Ele está banindo todos os judeus.

— Ah, a sina dos que são de Deus! — Paulo suspirou. — Posso acompanhá-los à cidade?

— Claro, venha conosco — Áquila respondeu.

12
Tumulto

*Á*quila e Priscila tornaram-se grandes cola-boradores de Paulo. Também trabalhavam juntos, produzindo tendas e outros artigos de cou-ro. No sábado, acompanhavam Paulo, quando ia ensinar na sinagoga. Foi um período de tranquili-dade para ele e seus companheiros. De fato, Paulo morou em Corinto por um ano e meio.

Em Corinto, a Igreja cresceu em paz. O pró-prio Jesus arranjou esse pequeno descanso para seu apóstolo e lhe disse, certa noite, numa visão: "Nin-guém te atacará aqui, pois grande parte de meu povo mora nesta cidade".

Enquanto estava em Corinto, Paulo até teve tempo para escrever à Igreja de Tessalônica. Teve grande prazer em lembrar aos membros dessa co-munidade cristã que seu amor era como o de uma mãe atenta, enquanto o orgulho que sentia deles era o de um pai cuidadoso.

"Que o Deus da paz os aperfeiçoe e os faça santos", ele lhes escreveu. "Mantenham-se irrepre-ensíveis enquanto aguardam a volta de nosso Senhor Jesus, o Cristo. Ele que os chamou, vai com certeza manter suas promessas. Rezem por mim. Saúdem todos por mim. E certifiquem-se de ler esta carta à Igreja toda."

Paulo continuou a pregar na sinagoga judaica, durante pelo menos um ano, antes de se iniciar qualquer desordem. Então, um grupo da sinagoga voltou-se contra Paulo e tentou organizar uma acusação contra ele. Alguns homens foram até o procônsul Galião e acusaram-no de ensinar o povo a rezar de modo contrário à lei judaica.

Antes mesmo de Paulo abrir a boca para explicar, o procônsul soltou um suspiro exasperado.

– Escutem-me, todos vocês – ele disse. – Não tenho interesse nem mesmo em ouvir este caso. Seus argumentos tratam de sua lei. Vocês dizem uma coisa. Ele diz outra. Não tenho nem tempo nem paciência para nada disso. Quero que todos vocês saiam.

Os encrenqueiros ficaram tão surpresos e perturbados com essa resposta, que atacaram e espancaram o chefe da sinagoga bem diante do tribunal, e ninguém os impediu.

Depois desse incidente, Paulo percebeu que estava na hora de partir. Assim, convidou Áquila e Priscila para juntarem-se a seu pequeno grupo de missionários, quando embarcaram para a Síria.

"Que o Deus da Paz os aperfeiçoe
e os faça santos."

Entretanto, antes de continuar, fizeram uma parada em Cencreia, onde Paulo raspou a cabeça a fim de cumprir uma promessa que fizera antes.

Quando finalmente chegaram a Éfeso, o grupo se dividiu. Paulo revisitou algumas de suas Igrejas. Enquanto isso, Priscila e Áquila conheceram um jovem chamado Apolo. Embora estivesse proclamando a Boa-Nova de Jesus, perceberam que ele nunca fora batizado. Por isso, o casal tomou-o sob sua proteção e o instruiu em tudo que tinham ouvido de Paulo. Ele, então, tornou-se um grande mestre do Caminho de Jesus. Sobressaia-se em mostrar esse Caminho por meio de seu conhecimento da Escritura.

Quando voltou a Éfeso, Paulo descobriu que alguns dos discípulos dali nunca haviam aprendido nada a respeito do Espírito Santo. Nas palavras deles: "Nem sequer ouvimos dizer que existe Espírito Santo!".

Como Apolo, só tinham recebido o Batismo de João Batista, que era apenas um símbolo do Batismo vivificante de Jesus. No momento em que foram batizados e Paulo lhes impôs as mãos, começaram a falar em línguas e a profetizar em nome do Senhor Jesus. Com esses doze primeiros homens, o Espírito Santo iniciou a Igreja em Éfeso.

Paulo pregava livremente por toda a cidade. Um de seus lugares favoritos, claro, era a sinagoga. Ali ele dava testemunho a seu povo daquilo que Jesus dissera e fizera.

Havia cada vez mais relatos de curas milagrosas que ocorriam quando Paulo pregava e impunha as mãos sobre alguém que estivesse doente. Esse fenômeno fez com que as pessoas guardassem todas as peças de roupa em que ele tocava. Essas peças, por sua vez, eram tocadas pelos doentes. Muitas pessoas foram curadas. Algumas, que eram possuídas pelo demônio, também foram libertadas.

Acontecimentos tão espantosos não podiam ser mantidos em segredo. Logo, um grande grupo de exorcistas judeus tentou imitar Paulo. Dirigiram-se assim ao espírito mau que possuía um cidadão de Éfeso:

— Exigimos, em nome de Jesus, que fala por intermédio de Paulo, que você saia desta pessoa!

O diabo respondeu, mas só para escarnecer deles:

— Eu conheço Jesus e Paulo... — disse com sarcasmo —, mas quem são *vocês*?

Então, o diabo atacou de fato alguns daqueles embusteiros.

Por causa de acontecimentos como esses, os fiéis recolheram todos os livros de magia naquela região. Esses livros, no valor de aproximadamente cinquenta mil moedas de prata, foram queimados em uma enorme fogueira.

O zelo dos fiéis deixou pasmos os cidadãos de Éfeso, e muitos se converteram. Enquanto seus amigos prepararam-se para viajar e visitar o resto das Igrejas, Paulo ficou em Éfeso.

Os sacerdotes do templo pagão local ficaram muito irritados, porque a crença em Jesus aumentava cada dia que passava.

— Somos efésios, não somos? — um deles perguntou. — Toda essa conversa de uma nova religião ofende nossa grande deusa Diana. O que vocês sugerem para lidar com esses judeus importunos?

Um dos primeiros a falar não foi um dos sacerdotes, mas um ourives.

— Respeitáveis chefes — ele começou —, minha atividade é fundir imagens sagradas de nossa deusa exaltada. É meu serviço para ela. Desde que esses estrangeiros vieram para cá, agitando o povo com histórias de curas e vida nova, muitos se afastaram de Diana. Minhas vendas caíram vertiginosamente. Vocês e eu sabemos que as vendas não são o mais importante, mas elas nos ajudam a avaliar a devoção. Acho que devemos expulsar esses blasfemadores e restaurar a glória de Diana!

– Sim, Diana é grande! – eles gritaram.

– Salve, Diana dos efésios!

Os gritos continuaram. Todos que estavam na praça se envolveram. Iniciou-se um verdadeiro tumulto. Finalmente, o secretário da cidade conseguiu chamar a atenção do povo.

– Homens e mulheres de Éfeso, escutem-me! Todos nós sabemos que Diana nos escolheu para prestar-lhe devoção especial. Sua estátua não caiu do céu para nós? Não conheço ninguém que ousaria questionar essa verdade. Assim, não se preocupem com esse tal de Paulo. O que ele ou seus amigos podem fazer contra nossa crença? Sugiro que todas as dúvidas e queixas sejam apresentadas diante dos nossos representantes. Não se arrisquem a ser presos por se revoltarem contra esse homem, que não é ninguém.

O secretário mandou todo mundo para casa e a paz foi restaurada. Paulo, então reuniu seus companheiros.

– Está na hora de irmos embora – declarou ele.

13
Milagre e adeus

●●●●●●●●●●●●●●●●●●●●●●●●

*P*aulo e os companheiros voltaram a visitar todas as novas comunidades e, então, prosseguiram através da Grécia para a Síria. Como já acontecera tantas vezes antes, os missionários encontraram hostilidade pelo caminho e tiveram de voltar atrás pela Macedônia.

Paulo encontrou-se com Lucas e alguns outros amigos em Trôade. Certa noite estavam reunidos em uma sala do terceiro andar, que a Igreja local usava para celebrar a ceia do Senhor. Paulo estava pregando. Sentia-se consolado por ver como a Igreja crescera desde a última vez que estivera na cidade. A sala estava cheia de gente e muito abafada. Ele percebeu que um jovem sentado na beira da janela estava cochilando.

Segundos depois, houve um movimento repentino perto da janela. Todos os presentes sobressaltaram-se. Uma voz em pânico começou a gritar:

– Êutico caiu da janela! Êutico! Êutico!

Lucas e Paulo correram escada abaixo. O restante da abalada congregação seguiu atrás. Lucas pôs a cabeça no peito de Êutico e, então, verificou a pulsação no pescoço do rapaz.

— Receio que o jovem esteja morto — sussurrou tristemente, quando seus olhos encontraram os de Paulo.

Parecia que Paulo não estava prestando atenção. Tomou nos braços o corpo inanimado e fitou atentamente os olhos fechados do rapaz.

— Não há motivo para preocupação — disse com voz firme. — Êutico ainda está vivo. Bendito seja Deus!

O jovem abriu os olhos e olhou com ar de interrogação para as pessoas amontoadas à sua volta. Ajudando o jovem a se levantar, Paulo voltou-se para a família do garoto.

— Agradeçam ao Senhor Jesus por sua grande bondade para com vocês — disse ele, modestamente. — Levem Êutico para casa e façam-no descansar.

* * *

Depois de viajar bastante a pé e de navio, Paulo desembarcou em Mileto e convocou os líderes da Igreja de Éfeso. Estava na hora de dizer um último adeus.

— Meus queridos filhos — ele começou —, vocês sabem a vida que tenho levado desde que nos encontramos. Houve muitos dias inquietantes, mas também tive a alegria de ver a sua fé. Agora, o Espírito Santo está me guiando para Jerusalém, prometendo-me mais tribulações, perseguição e até cadeia. Vou alegremente, com a esperança de testemunhar a graça de Deus a muitas pessoas mais. Entretanto, é triste que isso signifique que nesta vida não nos encontraremos mais. Eu lhes transmiti toda a verdade a mim dada pelo Espírito. Agora, vocês precisam guardar essa verdade em vocês mesmos e em todos os fiéis. Alimentem a Igreja de Deus! Os lobos surgirão, até mesmo no meio do rebanho. Por isso, eu lhes suplico que recordem sempre como eu vivi entre vocês. Nunca lhes pedi nada. Todas as minhas necessidades foram satisfeitas pelo trabalho de minhas mãos. Se vocês fizerem o mesmo, experimentarão a verdade das palavras do Senhor: "Há mais felicidade em dar do que em receber".

Depois disso, Paulo ajoelhou-se. Os líderes da comunidade juntaram-se a ele e rezaram juntos. A essa altura, todos estavam em lágrimas. Sabiam que nunca mais voltariam a vê-lo. Um a um, abraçaram e beijaram o apóstolo e, então, o acompanharam até o navio que o esperava. Estava na hora de deixá-lo partir.

14
A profecia

Quando Paulo e os companheiros entraram mais uma vez na cidade santa de Jerusalém, foram imediatamente relatar seu progresso a Tiago e aos outros líderes. Entretanto, como acontecera muitas vezes no passado, espalhavam-se boatos a respeito de Paulo e seus convertidos.

– Lamento dizer isso, Paulo – declarou Tiago –, mas os fiéis aqui de Jerusalém estão convencidos de que você influencia até os convertidos judeus a abandonarem a observância da Lei. Todos conhecem nossa decisão de permitir aos convertidos gentios que sigam menos regras, mas os judeus ainda são judeus.

Então Paulo relatou suas viagens e falou de todas as comunidades de Igrejas que ele e seus colaboradores haviam fundado. Quando terminou, Tiago falou novamente:

– Alegramo-nos por ter ouvido a verdade diretamente de você, Paulo. Mas há mais uma coisa que você pode fazer para provar sua sinceridade a esses céticos.

Paulo sabia o que Tiago ia sugerir. Voltando-se para os companheiros, disse:

– Precisamos ir ao templo e começar um período de purificação.

O pequeno grupo foi junto para mostrar a todos que levavam a sério a realização de todo o rito de purificação. Ao fazer isso, demonstravam que acreditavam na lei judaica e que a praticavam fielmente.

Porém, antes de terminada a semana exigida para a purificação, alguns judeus que não seguiam o Caminho de Jesus avistaram Paulo e seus companheiros, entre os quais estava Trófimo, o Efésio. O problema é que os não judeus, como Trófimo, não tinham permissão para entrar nas áreas mais sagradas do templo. Assim, quando esses judeus viram Trófimo perto do templo, supuseram que Paulo o levara para as áreas restritas. Então reuniram um grupo e tiraram Paulo à força do recinto do templo.

Enquanto era arrastado pelas ruas, ele se lembrou de uma profecia que Ágabo fizera pouco tempo antes. O profeta tirara a cinta de Paulo e a enrolara em volta dos próprios pés e mãos, dizendo:

– O Espírito Santo diz que isto é o que vai acontecer ao dono desta cinta. Ele será amarrado pelos judeus e entregue aos gentios.

Que excitação essa profecia provocara! Tinham gritado e implorado a Paulo que não subisse para Jerusalém. Ele respondera simplesmente:

— Seja feita a vontade de Deus.

A intenção dele era prosseguir e, se necessário, morrer em Jerusalém pelo nome de seu Senhor Jesus. Agora parecia que a profecia se realizava.

Quando a multidão preparava-se para matá-lo, apareceram soldados romanos que rapidamente se apossaram de Paulo. Um oficial tentou interrogá-lo, mas a gritaria tornava isso impossível, então ordenou que o prendessem. De repente, alguns homens tentaram agarrar Paulo. Os soldados rapidamente o ergueram nos ombros e o carregaram em segurança. Antes de chegarem à fortaleza romana, Paulo pediu a oportunidade de expor seu caso. Falou em grego ao oficial encarregado, mas em hebraico à multidão.

— Meus irmãos, meus pais, o que posso dizer em minha defesa? Sou judeu de Tarso, mas estudei aqui, com Gamaliel. Ele me ensinou a ser tão praticante quanto vocês todos o são hoje. Cheguei a perseguir os que seguiam este Caminho de Jesus. Fui autorizado a reunir, prender e encarcerar todos eles e foi isso que fiz — até o bendito dia em que encontrei Jesus. Um círculo de luz cercou-me e, então, o Senhor falou. Enviou-me para a cidade, cego e confuso.

Paulo contou-lhes tudo, inclusive como fora curado por Ananias e encarregado de pregar aos gentios. Até confessou sua participação no apedrejamento de Estêvão. Entretanto, a multidão estava ficando impaciente.

– Entreguem-nos o traidor! – alguns homens berraram.

Mas o oficial encarregado tinha outros planos. Ordenou que levassem Paulo para dentro da fortaleza e o amarrassem com correias. Momentos antes de ser dada a ordem para começarem a açoitá-lo, a fim de arrancar-lhe a verdade, ele calmamente perguntou:

– É legal açoitar um cidadão romano antes de ser julgado?

– Desamarrem-no depressa! – vociferou o oficial assustado.

– Como você obteve a cidadania? – perguntou ele. – Você é judeu. Não imagina quanto paguei pela minha cidadania!

– Sou cidadão de nascença – Paulo retrucou calmamente.

No dia seguinte, uma reunião foi organizada às pressas para que Paulo pudesse ser interrogado na presença dos chefes dos sacerdotes e do sinédrio. Confiante, o apóstolo ficou diante deles.

– Irmãos, quero que entendam que sempre agi com a consciência limpa – ele começou.

Imediatamente, Ananias, o sumo sacerdote, ordenou que dessem um tapa na boca de Paulo. Assim que se recuperou, Paulo retorquiu:

– Você se senta para julgar-me segundo a lei e ao mesmo tempo infringe essa lei, mandando alguém me bater!

– Como ousa falar assim ao sumo sacerdote? – alguém gritou.

Paulo voltou-se para o homem e bem devagar e deliberadamente pediu desculpas:

– Asseguro-lhe que não percebi quem deu a ordem para me bater. A Escritura, como se sabe, manda que respeitemos nossos líderes.

Paulo decidiu que precisava assumir depressa o controle da situação. Sabia que o grupo diante dele dividia-se em saduceus e fariseus, então gritou para os fariseus:

– Meus irmãos, saibam que estou sendo julgado porque sou um de vocês! Este julgamento é por causa de nossa esperança na ressurreição dos mortos!

Iniciou-se enorme discussão, exatamente como Paulo tinha esperança que acontecesse. Os saduceus não acreditavam na ressurreição depois da morte, nem em anjos e espíritos de qualquer tipo. Os fariseus, como Paulo, acreditavam nos três. A discussão tornou-se tão violenta, que os romanos temeram pela segurança de Paulo, por isso vieram e levaram-no embora.

Naquela noite, Paulo estava deitado sobre a palha em sua cela, pensando na agitação do dia. De repente, sentiu uma presença.

– Lucas, é você? – ele perguntou.

– Sou eu, Paulo – o visitante respondeu. – Posso sentar-me?

Do mesmo modo que reconhecera a voz, Paulo também agora reconheceu o rosto. Era Jesus!

– Meu Senhor – ele gaguejou. – Naturalmente, meu Senhor, senta. Senta-te, por favor.

Jesus sentou-se ao lado de Paulo e fitou-o com atenção por um momento.

– Coragem, Paulo. Tens dado bom testemunho de mim até agora, em especial aqui em Jerusalém. Mas agora, meu amigo, deves fazer o mesmo em Roma.

Paulo tinha os olhos fixos em Jesus. Ao ouvir essas palavras, tudo parou. Seus olhos se fecharam. Quando os abriu, Jesus se fora. A cela estava escura de novo, mas o coração e a mente de Paulo estavam cheios de luz.

"Sim", ele disse para si mesmo, "vou dar testemunho em Roma!".

15
Emboscada frustrada

Na manhã seguinte, assim que o sol nasceu, os inimigos de Paulo fizeram um pacto:

– Não comeremos nem beberemos enquanto não matarmos o traidor!

Cerca de quarenta desses homens foram ao sumo sacerdote e aos chefes do povo e expuseram um plano.

– Digam aos romanos que vocês querem examinar Paulo mais minuciosamente. Nós o atacaremos durante o caminho – eles explicaram.

Felizmente para Paulo, não se pode esperar que quarenta pessoas guardem um segredo. Pelo menos um deles falou sobre o plano, e a notícia chegou ao sobrinho de Paulo, que se apressou a informar o tio.

Paulo ouviu atentamente o relato do sobrinho. Então, chamou um guarda.

– Diga ao oficial o que me contou.

– Senhor – o jovem começou com ansiedade –, nossos chefes vão pedir a vocês que levem meu tio para ser novamente interrogado amanhã.

Mas o plano deles é fazer uma emboscada. Neste momento eles esperam a notícia de que vocês vão levá-lo.

– Tem certeza? – perguntou o oficial e olhou atentamente para o rapaz. – Você não está inventando isso, está?

– Não, senhor – o jovem respondeu. – Eles juraram matá-lo.

– Acredito em você – disse o oficial. – Tomarei conta de seu tio. Agora vá, mas não fale com ninguém a esse respeito.

O sobrinho de Paulo saiu, mas ficou em uma campina, perto da porta da estrebaria. Durante a noite, iniciou-se a ação. Sem alarde, duzentos soldados saíram pela porta, seguidos por cerca de setenta cavaleiros e por outro grupo grande que seguia a pé, atrás deles. Reuniram-se rapidamente e vieram em direção ao lugar onde ele se escondia.

Quando passaram, o jovem reconheceu seu tio cavalgando no meio dos cavaleiros. Devagar, o jovem ficou de pé. Paulo percebeu-o e silenciosamente formou com os lábios as palavras: "Obrigado, sobrinho, vou depor em Roma!".

Entretanto, para chegar a Roma, tinha de primeiro ser entregue à cidade de Cesareia. Esse glorioso porto mediterrâneo era o centro de operações de Félix, o governador romano. Paulo apresentou-se diante de Félix, que lhe perguntou de onde ele era originário.

– Da província da Cilícia, senhor – Paulo respondeu.

– Ah, deveras interessante – observou o governador. – Bem, chamarei seus acusadores. Assim que eles chegarem aqui, ouviremos sua causa – depois disso, dispensou Paulo, que foi enviado à fortaleza de Herodes.

Uns dias depois, chegou o sumo sacerdote Ananias acompanhado de alguns dos outros chefes dos judeus. Tão seguros estavam de sua causa, que trouxeram com eles um famoso advogado chamado Tertulo.

Inclinando-se ligeiramente em direção a Félix, Tertulo expôs as alegações contra Paulo.

– Excelência, o senhor sabe como somos gratos pela paz que desfrutamos sob seu governo, sem mencionar as muitas reformas benéficas. Tentarei ser breve, para não desperdiçar muito do seu tempo.

E continuou:

– Este homem, Paulo, tem sido uma peste incômoda, não apenas em Jerusalém, mas no mundo inteiro. É conhecido líder da seita que cresceu em torno de Jesus de Nazaré. Tentou até mesmo profanar o templo. Foi por isso que o prendemos.

Se interrogá-lo, Excelência, descobrirá que tudo isso é verdade.

Félix agradeceu a Tertulo e, então, convidou Paulo a apresentar sua defesa.

– Porque tem governado com tanta sabedoria e justiça todos esses anos – começou Paulo –, sinto-me seguro em estar diante de Vossa Excelência. Só fiquei em Jerusalém doze dias. Fui como seguidor do Caminho para cultuar no templo. Em nenhum momento incitei o povo ou discuti com alguém.

Ouviu-se um murmúrio vindo do grupo de acusadores de Paulo. Este fez uma pausa e esperou enquanto Félix os encarava para se calarem.

Quando se fez silêncio de novo, o governador disse:

– Por favor, continue, Paulo.

– Eu cultuo o mesmo Deus que estes homens. Tenho a mesma esperança de que todos, os bons e os maus, ressuscitarão. Minha consciência é irrepreensível em todas essas crenças e práticas – prosseguiu. – Minha razão para voltar a Jerusalém depois de muitos anos foi trazer uma oferenda em dinheiro para alívio dos pobres. É isso que eu estava fazendo quando fui preso no templo. Eu já havia passado pela purificação necessária. De fato, fui interrompido, não por estes homens, mas por judeus da Ásia. Eles é que deveriam vir acusar-me, dizer o que os incomodou.

Então, voltando-se para encarar o sumo sacerdote e os outros, continuou:

– O fato, governador, é que estes homens me acusam de algo e devem ser sinceros o bastante para declarar o motivo. Estão zangados porque em meu julgamento anterior levantei-me e declarei minha crença na ressurreição dos mortos. É por causa dessa declaração que estou aqui hoje.

Depois de ouvir as duas partes, Félix decidiu que o caso fazia parte da controvérsia maior entre os judeus e o pequeno grupo chamado o Caminho. Embora estivesse bem informado a respeito dos dois lados, decidiu adiar o veredicto.

– Vamos esperar até que o tribuno Lisias chegue aqui em Cesareia. Então daremos a sentença – anunciou.

Os judeus mal disfarçaram o desapontamento. Paulo ficou satisfeito.

– Guardas – o governador acrescentou –, quero que mantenham o prisioneiro sob supervisão, mas ele não precisa ficar amarrado. Deixem também seus amigos virem cuidar de suas necessidades.

Alguns dias depois, Félix convocou Paulo novamente.

— Como você sabe, Paulo, não tenho fé, mas minha mulher é judia. Ambos gostaríamos de ouvir uma explanação sobre esse homem chamado Jesus. Queremos saber o que você ensina e por quê.

Paulo reconheceu a importância desse convite. Em silêncio, deu graças a Deus pela oportunidade de pregar ao casal. Acenou com a cabeça para ambos e começou:

— Que honra, Excelência e minha senhora Drusila. Deixem-me contar-lhes brevemente a história de Jesus de Nazaré...

Durante alguns momentos os dois ouviram atentamente, mas, assim que Paulo começou a falar de como a fé em Jesus é vivida na justiça e na integridade moral, eles ficaram inquietos. E quando Paulo chegou ao assunto do juízo final, Félix levantou-se de repente. Dispensando-o com um aceno de mão, disse:

— Muito bem, obrigado, Paulo. Voltarei a chamá-lo para terminar isto mais tarde.

Félix realmente chamou Paulo mais tarde, mas só porque esperava que o apóstolo tentaria suborná-lo para obter melhor tratamento. Porém, de sua parte, Paulo estava contente com o modo como vivia. Tinha liberdade para ver pessoas, escrever, ensinar e, acima de tudo, para rezar. Estava feliz em continuar assim, até Deus enviá-lo a Roma.

Nesse ínterim, terminou o prazo de Félix como governador, e Festo o substituiu. O novo governador foi imediatamente confrontado pelas mesmas acusações contra Paulo. Festo ouviu-as e depois convidou Paulo a se defender.

– Entendo que está preso aqui há dois anos, Paulo. Concordaria em voltar a Jerusalém e ser julgado pelas acusações feitas contra você?

Paulo tomou coragem:

– Não, Excelência – respondeu. – Não cometi nenhum crime contra a lei, o templo, ou César. Não vejo necessidade de voltar a Jerusalém. Neste exato momento estou de pé diante do representante de César e este é o lugar apropriado para o julgamento. Se alguma coisa for provada contra mim, eu me submeterei ao castigo, até mesmo à morte. Mas nada pode ser provado. Portanto, ninguém tem o direito de entregar-me a meus inimigos.

Olhando diretamente para Festo, acrescentou em voz clara e forte:

– Apelo a César!

Depois de conferenciar um momento com os conselheiros, Festo levantou-se, voltou-se para Paulo e declarou:

– Muito bem, então. Você apelou a César, e a César irá!

16
"Exceto por estas correntes..."

Nos dias que se seguiram, enquanto eram feitos os preparativos da viagem de Paulo a Roma, Festo recebeu uma visita de cortesia do rei judeu Agripa e sua irmã, Berenice. Certa noite, durante o jantar, o governador mencionou Paulo.

– Majestade – ele começou –, está aqui um de seus súditos à espera de viajar até Roma. Ele apelou a César. Seu nome é Paulo. Parece ser um bom sujeito, exceto pelo fato de ser acusado pelos sacerdotes e chefes de Jerusalém. Reuni todos aqui e ouvi os dois lados discordarem sobre questões e práticas da lei e o profeta Jesus, que executamos.

O rei ficou curioso e inclinou-se para a frente.

– Festo – disse Agripa –, se me permitir, gostaria de ouvir eu mesmo esse Paulo.

– Certamente, Majestade. Eu o chamarei amanhã.

No dia seguinte, Paulo entrou na sala de audiências e ficou diante do rei Agripa, de Berenice, do governador e de algumas outras pessoas.

Festo apresentou Paulo e, então, explicou:

– Paulo, o rei concordou em revisar seu caso hoje, a fim de ajudar-me a formular uma acusação precisa. Não podemos simplesmente mandá-lo a César, sem uma acusação documentada.

Obviamente, Paulo ficou muito satisfeito.

– É uma honra, rei Agripa – exclamou –, não só porque o senhor é o rei, mas também porque é pessoalmente muito bem informado a respeito de nossas leis e costumes judaicos! Desde a juventude sempre fui praticante. De fato, fui por muitos anos fariseu zeloso. Como sabe, cremos firmemente na ressurreição dos mortos. É essa a acusação pela qual estou sendo julgado. Por que acham impossível que Deus ressuscite os mortos?

Enquanto falava, Paulo observava de perto Agripa e Berenice, para descobrir alguma indicação de seus pensamentos.

– Ora, é provável que tenha ouvido falar de minha carreira como fariseu em Jerusalém. Nesse caso, sabe que eu era completamente contra os seguidores de Jesus de Nazaré. De fato, quando parti para expulsar esses desordeiros de Damasco, de repente, o próprio Jesus me encontrou – e ele estava bem vivo! Sim, Jesus me apareceu e me repreendeu por persegui-lo. Então, caí por terra por causa da luz ofuscante que cercava Jesus e ele pediu que eu me levantasse. Disse que tinha uma missão para mim. Disse também que eu seria salvo dos que tentassem me impedir de proclamar sua mensagem de luz, perdão e esperança.

Paulo parou só o tempo suficiente para seu régio juiz digerir essas palavras. E continuou:

– Agora o senhor vê como seria impossível ignorar essa visão, ó rei – ele continuou. – Comecei minha missão de pregar imediatamente na cidade de Damasco, depois em Jerusalém e nos territórios vizinhos. Até preguei aos gentios. É isso que perturba tanto os judeus. Eu não disse nada contrário ao que Moisés e os profetas ensinaram. A Escritura diz que o Cristo iria sofrer e ressuscitar dos mortos proclamando a salvação para nós e para os gentios.

A essa altura, Festo o interrompeu:

– Paulo, sabe que você parece louco? Você estudou demais, meu amigo!

– Nada disso, governador. Não estou louco, de jeito nenhum. E ouso dizer que o rei entende exatamente o que digo.

Voltando-se para Agripa, Paulo pediu:

– Rei Agripa, confirme para o governador que o senhor crê nos profetas. Sei que crê. Vi isso em sua expressão, enquanto eu falava.

Parecendo achar graça, o rei replicou:

– Em mais alguns minutos, você me faria implorar pelo Batismo, Paulo.

Estendendo os braços para o céu, Paulo retrucou:

– Meu rei, é meu ardente desejo que, mais cedo ou mais tarde, não apenas o senhor, mas todos nesta sala sejam como eu... exceto, é claro, por estas correntes!

Nada mais foi dito. Mas, quando o rei, Berenice e o governador ficaram novamente a sós, perceberam que não havia nenhuma alegação verdadeira contra Paulo.

Alisando a barba, o rei Agripa murmurou placidamente:

– Sabe, Festo, se ele não tivesse apelado a César, você poderia libertá-lo.

17
Naufrágio!

Um jovem centurião chamado Júlio ficou encarregado de Paulo e dos outros prisioneiros que iam de Jerusalém para Roma. Seu encargo era entregá-los em segurança no destino. A viagem incluía algumas paradas a fim de satisfazer as necessidades dos outros passageiros, alguns dos quais tinham de realizar negócios ou visitar parentes nos vários portos do caminho. Havia também as condições do tempo a enfrentar. Em um porto, o centurião descobriu um navio cargueiro alexandrino com destino a Roma e imediatamente comprou passagens para todo o grupo.

Paulo sabia que a estação para navegar tranquilamente estava quase no fim e tentou avisar os outros do perigo. Mas ninguém lhe deu muita atenção. Até Júlio, embora leal, era jovem e inexperiente, por isso determinou que a viagem prosseguisse. Assim, apesar das nuvens tempestuosas que se acumulavam, eles partiram para Creta. Tudo corria tão bem, que decidiram eliminar a escala em Creta e ir para o porto seguinte.

Mas, justo quando chegaram à extremidade da ilha, um vento do nordeste os atingiu. Esse vento, também chamado de "nordestia", tem a força de um furacão. A tripulação do navio ficou impotente e o navio foi arrastado pelas ondas. Na tentativa desesperada de controlar a embarcação, o capitão ordenou que a carga fosse jogada ao mar. Isso só aumentou a sensação de ruína iminente entre os passageiros.

Durante dias foram sacudidos impiedosamente. Por fim, os suprimentos de comida estavam quase acabando. A tripulação e os passageiros resignaram-se a morrer.

Então Paulo levantou-se e disse em meio ao vento uivante:

— Meus amigos, não devíamos acabar deste jeito, mas agora me escutem. O navio logo estará perdido, mas não temam. Todos sobreviveremos.

Com a pouca força que lhes restava, alguns começaram a caçoar dele.

— Escutem! Escutem — Paulo bradou. — É verdade. *Seremos salvos!* O anjo de Deus disse-me para não temer. Estou destinado a comparecer diante de César e, por minha causa, todos vocês serão poupados. Portanto, procurem ficar calmos. Vamos naufragar, mas encontraremos segurança em uma ilha.

"Escutem! Seremos salvos!
O anjo de Deus disse-me para não temer!"

Alguns se apegaram a essa esperança, acreditando ser Paulo uma espécie de profeta. Outros apenas viraram as costas.

O furacão continuou a rugir. Durante duas semanas eles navegaram no mar Adriático, mas, tendo sido tirados da rota, não faziam ideia de onde estavam. Então, certa noite, um dos membros da tripulação fez uma descoberta.

– Capitão – relatou –, creio que estamos nos aproximando da terra. Não enxergamos nada, mas, pelo som, acho que a terra está a vinte braças.

– Verifique isso novamente, marujo – o capitão respondeu.

O homem voltou dizendo que agora a medida eram quinze braças. O capitão ordenou que jogassem âncoras. Então, bem discretamente, reuniu os marinheiros. Era hora de fugirem. Juntos, começaram a descer o bote pelo lado do navio. Paulo percebeu essa atividade secreta e cutucou o centurião.

– Júlio – disse ele –, acho que estamos prestes a perder toda a tripulação!

O centurião levantou-se de um salto com a espada em punho e cortou as cordas, fazendo o bote cair no mar. Mais embaraçado que bravo, o capitão fez seus homens voltarem ao trabalho.

Embora o navio parecesse incontrolável, eles sabiam que tinham de tentar salvá-lo.

Mais uma vez, Paulo se manifestou:

– Vou comer o pouco pão que ainda tenho. Sugiro que todos vocês façam a mesma coisa. Vamos precisar de força para o que nos espera. Mas lembrem-se: *seremos todos salvos*.

Depois de seguirem o conselho de Paulo, os passageiros acomodaram-se o melhor que puderam para passar a noite. Um carregamento de grãos, o último da carga, foi lançado ao mar. A manhã surgiu com um grito de esperança:

– Terra à vista! Parece ser uma enseada!

– Tem alguma ideia de onde estamos, marujo? – perguntou o capitão.

– Nenhuma, senhor, mas vamos manobrar para chegar mais perto, senhor.

Eles jogaram as âncoras e soltaram o leme. Içaram a vela e o navio virou em direção à praia. De repente, houve um enorme solavanco. Todos foram lançados ao convés.

– Capitão, estamos encalhados! – gritou um membro da tripulação. – Devemos ter ido de encontro a um banco de areia, mas é difícil avaliar a que distância estamos da terra.

Dali a alguns momentos, a força do vento e das ondas começou a desconjuntar o navio danificado. Os soldados ficaram com medo que os prisioneiros tentassem fugir e prepararam-se para matá-los. Entretanto, Júlio estava decidido a completar sua missão.

– Parem! – berrou acima do tumulto. – Os que sabem nadar, saltem agora e nadem para a praia. Os outros devem se agarrar ao que puderem – paus, barris, caixotes – e boiar.

Um a um, exatamente como Paulo prometera, todos alcançaram a praia em segurança. Quando recuperaram as forças, os passageiros e os tripulantes levantaram-se da areia e foram para um terreno mais seco. Trazendo cobertas quentes e água doce, os habitantes da ilha vieram correndo ao encontro deles.

Um homem em especial foi muito bondoso. Insistiu com todos para se abrigarem sob as árvores, pois uma chuva leve começara a cair.

– Eu, Públio, dou-lhes as boas-vindas a Malta, amigos. Lamento ter de saudá-los sob circunstâncias tão terríveis, mas fiquei sabendo que todos vocês estão bem. Essa é mesmo uma boa notícia!

– Obrigado, governador – Júlio respondeu.

– Ah, um centurião bastante observador – disse Públio, com um sorriso. – Você notou minha insígnia. Eu também vejo que você tomou o cuidado de salvar até os prisioneiros. Excelente!

– Obrigado, senhor. Mas agora precisamos de uma ajudazinha para fazer uma fogueira, para que eles não adoeçam com febre.

– Certamente – respondeu o governador.

Em poucos minutos os malteses acenderam uma fogueira crepitante. Paulo aproximou-se da chama crescente com uma braçada de gravetos que juntara. Quando se debruçou sobre as labaredas para jogar os gravetos, uma cobra arremessou-se para fora da pilha e afundou as presas em sua mão. Um forte grito fez todos virem correndo. Quem gritou foi uma mulher que estava perto de Paulo. Ela estava fora de si, de tanto medo. Tudo que conseguia fazer, além de gritar, era apontar para a trágica cena.

Alguém se virou para o governador e disse em voz alta:

– Este sujeito deve ser um assassino. Sobreviveu ao mar, mas a deusa da justiça agora está fazendo com que receba o que merece!

Entretanto, Paulo simplesmente sacudiu a cobra dentro do fogo. Todos prenderam a respiração, esperando que ele caísse morto ou pelo menos que sua mão inchasse. Mesmo depois que todos voltaram a cuidar da fogueira, continuaram a olhar de soslaio para Paulo, querendo ver o que estava ocorrendo. Mas não estava acontecendo nada! Paulo simplesmente continuou a juntar mais lenha.

De repente, ocorreu a um dos malteses que Paulo com certeza era um deus.

– Vocês viram como ele calmamente se desfez daquela serpente venenosa? – o homem sussurrou.

– Sim, e há alguma coisa nos olhos dele... – disse outro.

Públio interrompeu a especulação com um convite para Paulo e os companheiros ficarem em sua casa.

– Que o Senhor seja louvado! Esta é uma aventura e tanto – Paulo comentou, enquanto subiam a praia com Públio. – Mas espero que essa ideia de que sou uma espécie de deus acabe melhor do que acabou em Listra.

– Eu também – disse Lucas, que acompanhava Paulo no que julgava ser sua última viagem. – Talvez seja melhor eu tomar nota de tudo isto. Com certeza incentivará nossos irmãos e irmãs.

Na casa, encontraram o pai de Públio doente, com uma terrível dor de estômago. Paulo postou-se ao lado da cama, impôs as mãos sobre ele e falou:

– Meu amigo, o Deus verdadeiro do céu e da terra e do mar quer abençoá-lo com boa saúde.

Imediatamente o homem sarou. Quando a notícia correu pela ilha, muitos dos doentes apresentaram-se a Paulo para serem curados. É desnecessário dizer que passou essa temporada em Malta curando também os espíritos das pessoas. Ele falava da Boa-Nova a todos que quisessem ouvir.

Depois de três meses, Júlio comprou passagens em outro navio alexandrino, que passara o inverno em Malta. Todos os malteses, desde o governador até o mais humilde trabalhador das docas, entristeceram-se com a partida de Paulo. Generosamente lhe deram tudo de que precisava.

O navio partiu para Siracusa. Três dias depois, seguiu para Régio e de lá para Putéoli. Ali, agradável surpresa esperava os viajantes. Um grupo de fiéis morava na região. Paulo pediu e lhe foi concedida permissão para ficar uma semana inteira com esses entusiasmados irmãos e irmãs.

18
Da cidade eterna...
para a eternidade

Quando finalmente chegaram a Roma, Paulo e os companheiros foram recebidos por pequenos grupos de seguidores do Senhor. Esses seguidores esperavam ao longo da Via Ápia para oferecer suas saudações e orações. A presença deles deu grande estímulo a Paulo.

Graças ao relatório favorável feito por Júlio, foi lhe concedida considerável liberdade em Roma. Conseguiu acomodações particulares e os romanos designaram um guarda para ficar com ele. Alguns dias depois de sua chegada, Paulo convidou os líderes da comunidade judaica para se reunirem com ele em sua casa. Saudou-os calorosamente e, então, explicou sua situação:

— Irmãos, nunca fiz nenhum mal contra nosso povo ou nossos costumes. Entretanto, como veem, sou prisioneiro. Nossos líderes em Jerusalém mandaram prender-me sob acusações que não foram provadas. As autoridades romanas de lá queriam soltar-me, mas nosso povo opôs-se tanto, que apelei a César. Por isso, aqui estou à espera do chamado para minha audiência. Não guardo rancor contra nosso povo. De fato, eles me proporcionaram esta oportunidade de dar testemunho de nossa esperança comum. É sobre isso que eu gostaria de lhes falar.

Um dos líderes judeus respondeu:

– Ninguém entrou em contato conosco. Gostaríamos de ouvir o que você pensa, pois, pelo que sabemos, por toda parte há pessoas contra esse novo Caminho.

E assim começou uma longa série de conversas com a comunidade judaica de Roma. Paulo encontrou-se com eles em grupos e em particular. Sempre explicava Jesus usando os escritos de Moisés e dos profetas. Alguns dos ouvintes demonstravam interesse em sua mensagem. Outros reagiam com descrença. Mas, como os judeus não concordavam a respeito de que resposta adotar como um grupo, começaram a desaparecer. Paulo entendeu que, embora parecesse ouvir com muita atenção, o povo não aceitava sua mensagem. Era como se não pudesse recebê-la.

Então, voltou sua atenção para os gentios. Sabia ser essa a vontade de Deus e que essas pessoas eram ouvintes de boa vontade. Muitos acolhiam a mensagem com gratidão. Assim, os dois anos de prisão domiciliar passaram alegremente para ele.

Ninguém sabe exatamente o que aconteceu a Paulo no fim desses dois anos. O que se segue é uma possibilidade.

No fim dos dois anos, foi convocado para comparecer ao tribunal. Deram-lhe permissão para apresentar sua causa, como fizera antes. Pareceu um milagre, mas ele foi solto. Paulo e todos os seus amigos e companheiros regozijaram-se. Começaram novamente o trabalho de pregar e ensinar na capital do mundo romano.

Certo dia, Paulo trocou ideias com Lucas, que o acompanhara durante tantos anos de provação e encarceramento:

— Meu amigo, em sua opinião, o que tudo isso significa? Você acha que Deus tem mais aventuras para nós?

— Meu querido pai — Lucas respondeu —, depois desses dois anos difíceis, recomendo um pouco de descanso.

— Não, descansamos durante anos! — Paulo exclamou. — Descansamos e ficamos ociosos na cadeia e em prisão domiciliar. Quero viajar de novo. Pense em todos os lugares aonde ainda não fomos, em todos os lugares que a Boa-Nova ainda não alcançou! Sonho com a Espanha. É uma parte remota do Império.

— A Espanha?

— Sim, Lucas, a Espanha! Dizem que é uma terra maravilhosa — cheia de vinhedos, campos de cereais e de gente à espera da Palavra do Senhor. O que me diz?

— Se quer uma resposta sincera, Paulo, prefiro que você descanse primeiro. Já não somos mais tão jovens, você sabe. Mas, claro, gostaria de acompanhá-lo, quando você decidir ir à Espanha.

— Bom — Paulo respondeu com um largo sorriso. — Ambos descansaremos por algum tempo e depois faremos nossos preparativos e partiremos novamente. Você não vai importar-se de meu descanso incluir verificar as Igrejas, vai?

— Paulo, Paulo... — Lucas parecia um pai ranzinza. — Você não consegue ficar parado?

— Lucas, você sabe que não tenho de *ir* às Igrejas para visitá-las. Pretendo visitá-las por meio de cartas, como sempre fiz. Conseguirei que alguns dos jovens discípulos façam o trabalho de escrita.

Então acrescentou, com um riso de satisfação:

— E eu ficarei com a tarefa extenuante de ditar.

Nesse período da história, Roma era um lugar pacífico para os cristãos. Havia cristãos de todas as origens e níveis sociais. Eram soldados, esposas de senadores, mercadores e crianças de escola. Era gente de todas as províncias de Roma, inclusive escravos e servos. A Igreja crescia depressa, e os romanos começaram a reparar nela – em especial, quando pessoas abastadas começaram a aceitar o Batismo. Muitos membros deste último grupo doavam suas casas e seus bens à Igreja.

– O que significa tudo isso? – os romanos perguntavam.

Pessoas influentes começaram a sussurrar essas perguntas ao imperador Nero. Até então, o imperador restringira sua crueldade a membros de sua família e seu círculo íntimo. Mas esses sussurros levaram a rumores, e os rumores levaram à desconfiança e ao medo. Eram esses cristãos realmente uma pequena seita inocente ou estavam preparando uma rebelião?

Nero, que sofria de distúrbios mentais, remoeu essas possibilidades. Até então, o que fizera aos outros, fora em surdina. Agora voltaria sua crueldade contra um modo de vida. Quando um grande incêndio destruiu grande parte da cidade de Roma, Nero teve medo de que o povo pusesse a culpa nele. Assim, para proteger-se, acusou os cristãos de terem iniciado o incêndio. Enviou tropas para prenderem todos os envolvidos no Caminho. Não se contentou em levar os cristãos a julgamento e prendê-los. Nero começou a agir como o louco que era.

– Esses indivíduos falam que são "luz para o mundo" – ele dizia rindo. – Vou deixá-los iluminar meus jardins. Eles querem que todos façamos um alegre clamor para seu Deus. Nós os faremos cantar de dor em nossas celebrações. Querem alimentar-nos com o "pão da vida". Tornar-se-ão comida para nossas feras nos jogos do Coliseu.

E assim a grande cidade de Roma tornou-se lugar de tormento para os seguidores do Senhor. Não foi surpresa quando Paulo se viu novamente preso. Desta vez, o julgamento não demorou. Nem o veredicto: culpado. Paulo pensou que a sentença de morte fosse ser executada logo. Ao contrário, foi outra vez acorrentado e mantido à espera em uma cela, mas sem a liberdade considerável de sua prisão anterior.

Mais uma vez, havia tempo para pensar e rezar. Ele pensou no dia em que encontrou Jesus pela primeira vez e na grande missão que o Senhor lhe confiara. Lembrou-se de todas as viagens, dos sofrimentos, dos mal-entendidos e das provações pelos quais passara. Mas pensou principalmente em todas as pessoas maravilhosas que conhecera. Quantas disseram sim ao chamado de Jesus! Havia muitos fiéis sinceros em todas as Igrejas que ele fundara. "Que glória me deixaste compartilhar, Senhor", pensou.

Chegou o dia decisivo. Os guardas vieram e, com brutalidade, acorrentado, conduziram Paulo para a estrada. Quando deixavam a cidade, ele pensou ter avistado Pedro – como Cefas agora era chamado. Estavam levando ele em outra direção. "Tenho certeza de que é Pedro. E ele também está amarrado. Chegou a hora de nós dois encontrarmos o Senhor."

A oração de Paulo continuou, enquanto ele tropeçava nas pedras da rua procurando acompanhar as passadas enérgicas dos soldados. "Estou indo para ti, Jesus. Durante muitos anos acreditei que voltarias e estabelecerias teu Reino na terra, enquanto todos nós ainda estávamos vivos. Tu nos separarias, os bons dos maus. Agora entendo. O Reino já começou. É a tua Igreja, que se espalhou por toda a parte. Sou muito grato pelo dia em que me chamaste para te servir. A luta foi boa. Eu a combati com tua graça e mantive a fé. Agora a recompensa me espera."

Os soldados tinham parado. Paulo olhou em volta. Passara muitas vezes por esse lugar, perto das portas da cidade. Até notara a coluna de mármore quebrada em direção à qual o conduziam agora.

105

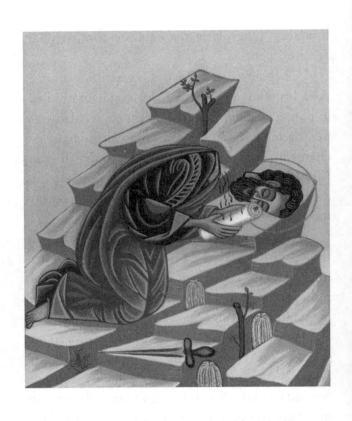

"Estou indo para ti, Jesus. A luta foi boa.
Eu a combati com graça e mantive a fé.
Agora, a recompensa me espera."

– De joelhos – ordenou o carrasco.

Paulo obedeceu. O mármore debaixo de sua cabeça estava frio. A espada cintilante estava suspensa acima de seu pescoço. "Chegou a hora para a qual trabalhei e pela qual esperei. Eu combati o bom combate. Sei que nada pode separar-me de meu Senhor Jesus Cristo. Vem, Senhor Jesus. Vem!" A espada do carrasco zuniu no ar. Um único golpe rápido levou Paulo à presença de Jesus.

As viagens e inúmeras aventuras de Paulo pareciam ter chegado ao fim, mas seus esforços não foram em vão e as sementes que espalhara em tantos lugares deram inúmeros frutos! Suas palavras cheias de fé atravessaram o espaço e o tempo e chegaram até nós pelas cartas que deixou e que fazem parte do Novo Testamento. Elas não só uniram as diversas comunidades de cristãos como solidificaram as fundações da Igreja. Por tudo o que fez, anunciando o Cristianismo em tantos lugares e a tantos povos, São Paulo é chamado de "o apóstolo da comunicação".

Oração

São Paulo, és de fato o discípulo missionário especialmente escolhido por Jesus. Teu encontro com o Senhor na estrada para Damasco mudou toda a tua vida. Tu te tornaste tão íntimo de Jesus, que ele na verdade vivia sua vida de novo em ti. É por isso que podias pedir a teus amigos que te imitassem assim como imitaste Jesus. É por isso que queres que eu também te imite.

São Paulo, fico maravilhado quando penso em tudo que passaste para difundir a Boa-Nova. Ajuda-me a amar e seguir Jesus tão completamente quanto tu o fizeste. Conto com tua ajuda. Intercede por mim, São Paulo. Amém.

Glossário

Açoitar – bater com varas e cordas.

Agitador – pessoa que provoca agitação.

Areópago – topo de uma colina da Grécia, onde outrora se localizava o tribunal.

Blasfemador – pessoa que insulta a Deus.

Braça – medida de 1.829 m, usada para calcular a profundidade do oceano.

Caminho – nome primitivo do Cristianismo.

Centurião – comandante de um grupo de cem soldados romanos.

Cônsul/procônsul – autoridades romanas.

Diácono – colaborador do ministério dos apóstolos.

Exorcista – pessoa que tem o poder de expulsar maus espíritos.

Fariseus – grupo de judeus que observavam rigorosamente a lei.

Gentios – nome dado aos não judeus.

Mártir – pessoa que voluntariamente morre por suas crenças.

Nazareno – cidadão de Nazaré.

Ourives – artesão que trabalha com prata.

Rabis – mestres da lei judaica.

Sábado – o dia do Senhor guardado pelo povo judeu.

Saduceus – grupo de judeus composto principalmente de famílias de sacerdotes.

Seita – grupo que segue determinado ensinamento.

Sinagoga – centro de convivência e cultura das comunidades judaicas locais.

Túnica – traje simples, semelhante a um vestido.

Anexo
Mapas das viagens de Paulo

Primeira viagem missionária de São Paulo

Antioquia – ponto de partida da primeira viagem missionária de Saulo, agora chamado por seu nome romano, Paulo (At 13,1-3).

Salamina – porto de Chipre em que Paulo, Barnabé e João Marcos começaram os trabalhos apostólicos.

Pafos – cenário da conversão do governador romano de Chipre (At 13,6-12).

Antioquia da Pisídia e Icônio – cidades onde Paulo e Barnabé pregaram o Evangelho a hebreus e pagãos (At 13,13–14,6).

Listra – local onde Paulo e Barnabé foram apedrejados quase até a morte (At 14,7-19).

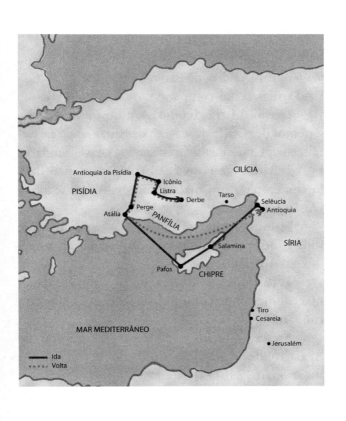

Segunda viagem missionária de São Paulo

Antioquia – ponto de partida da segunda viagem missionária de Paulo, que foi empreendida tendo Silas como companheiro (At 15,36-41).

Derbe, Listra, Icônio, Antioquia da Pisídia – pontos de parada da viagem de Paulo, onde ele fortaleceu as comunidades cristãs que já havia fundado.

Trôade – cenário de uma visão na qual Paulo contemplou um macedônio pedindo-lhe ajuda (At 16,6-10).

Filipos – primeira cidade da Macedônia (e de toda a Europa) a responder à pregação do Evangelho (At 16,11-40).

Tessalônica e Bereia – mais duas cidades macedônias onde comunidades cristãs logo foram fundadas (At 17,1-15).

Atenas – centro intelectual e cultural de Acaia, onde a pregação de Paulo obteve menos sucesso (At 17,16-34).

Corinto – centro de comércio e esportes, onde Paulo converteu muitas pessoas (At 18,1-11).

Jerusalém – local onde Paulo fez um relatório aos outros apóstolos, antes de voltar a Antioquia.

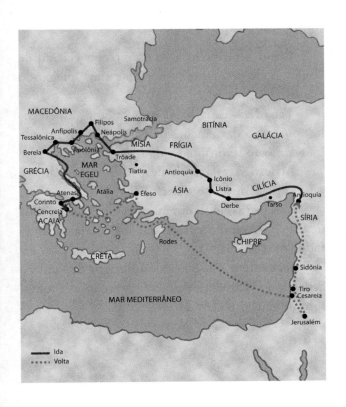

Terceira viagem missionária de São Paulo

Éfeso – primeiro alvo da terceira viagem de Paulo; aí ele permaneceu por dois anos, pregando e ensinando (At 18,23–19,40).

Trôade – cenário de um milagre espetacular: por meio das orações de Paulo, um jovem que estava morto retornou à vida (At 20,7-12).

Mileto – cenário da despedida entre Paulo e seus amigos de Éfeso (At 20,17–38).

Cesareia – local em que Paulo fez uma escala de viagem e foi informado que logo seria encarcerado (At 21,7-16).

Jerusalém – local onde inimigos de Paulo o acusaram falsamente e soldados romanos o tomaram sob custódia (At 21,17–23,35).

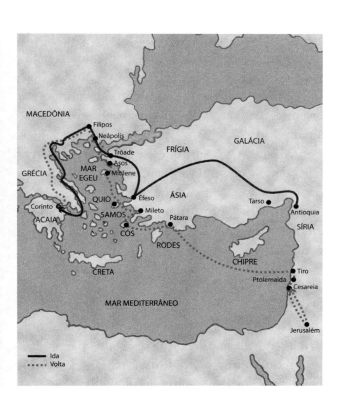

Viagem para Roma de São Paulo

Cesareia – cidade portuária onde Paulo ficou detido até ser enviado a Roma, para que sua causa fosse ouvida (At 24,1–26,32).

Creta – ilha que teria oferecido abrigo aos viajantes, caso eles tivessem alcançado seus portos a tempo (At 27,1-13).

Malta – ilha em que os viajantes naufragaram, depois de serem impelidos durante duas semanas por um vento aterrador.

Putéoli – porto italiano no qual Paulo, os amigos e os guardas foram desembarcados para continuarem a viagem a Roma (At 28,11-16).

Roma – cenário do julgamento de Paulo – depois do qual ele foi solto – e também de seu martírio, alguns anos mais tarde.

Espanha – província romana que Paulo provavelmente visitou depois de ser solto em Roma.

Ásia Menor, Macedônia, Acaia – províncias revisitadas por Paulo antes do martírio.

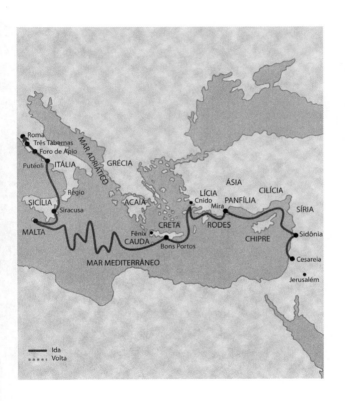

Impresso na gráfica da
Pia Sociedade Filhas de São Paulo
Via Raposo Tavares, km 19,145
05577-300 - São Paulo, SP - Brasil - 2012